于永正教育文集

做一个学生喜欢的老师

——我的为师之道

于永正◎著

教育科学出版社
·北京·

人生留痕
——写在前面的话

一

小时候想当画家。邻居家有四幅郑板桥画的竹、兰、菊、梅，每年春节才舍得挂出来，挂到正月十五，就收起来了。听着大人的品评，羡慕得不得了，心想，长大了，我也要当画家。于是天天画画儿，常常画得天昏地暗，废寝忘食。

读初中一年级时，在恩师李晓旭老师的激励下又想长大了当作家。读了神童作家刘绍棠写的中篇小说《运河的桨声》，佩服得五体投地，更坚定了当作家的信念，而且不一定等"长大"了。于是孜孜不倦地读书，苦思冥想地写作。

"文革"彻底粉碎了我的"作家梦"。但改革开放后，它"死灰复燃"，我继续操笔为文，只是不写小说、散文之类，而改写教育随笔和教学论文。心想，写什么不行，只要文章能见诸报端就成。

功夫不负有心人。1980年第12期《江苏教育》发表了我的第一篇教学论文《选材与命题》，同年同月，《徐州日报》发表了我的短篇小说《没脑子的人》。我把《选材与命题》的用稿通知书在衣兜里整整揣了一个星期，逢人便掏给人家看。

从此，一发不可收拾。

我经常开玩笑说："写，让我变成了一条猎狗，瞪大眼睛看世界，张开鼻孔嗅四周，竖起耳朵听动静。干什么呀？搜寻生活中的真、善、美呀！"是的，写，让我读书有了动力——看看人家是怎样看待教育、教学的？人家是怎样做的？人家是怎样研究学生的？人家又是怎样写的？读与写是"洗洁剂"，经常洗去自己头脑中的污垢；读与写也是"充电器"，不断为自己的大脑注入新的理念和动力。

总之，读与写是我教育、教学不断进步的双翼。读与写的过程，是不断肯定自己、激励自己的过程，同时也是不断反省自己、否定自己的过程。在这样一个往复循环的过程中，让自己的实践有了智慧，有了理性，使自己的路走得越来越正了，越来越直了。

感谢读、写的习惯。它充实了我的人生，成就了我的事业，并且让我的人生留痕。过去的事情，用文字凝固下来，就会成为"永久"，哪怕把它放在抽屉里。不写出来，终究只是一种记忆，而记忆不会长久。记忆一旦消失了，过去，就不复存在了。

人应当有追求，有抱负。虽然不一定都能如愿以偿，但为实现理想的付出，一定会收获充盈，会收获习惯，不至于"赤裸裸地来"、"赤裸裸地去"，最终两手空空。这样，至少对得起生我养我的父母，对得起教育我，并寄希望于我的老师。14岁那年（1955年），徐州京剧团招收文武场学员（即乐队学员，包括操琴、打锣鼓的），我独自一人，提了把胡琴去应试。没考上。但我对京戏、拉琴的兴趣丝毫未减。到了晚年，才体会到这一习惯给我带来的好处。对我来说，收获习惯，比收获"琴师"、"名角"真的更重要。

二

我的文章不是在书斋里写出来的，而是做出来的。

我写的，都是我的故事，我的经验、体会与感受。没有拾人牙慧，更没有抄袭。偶尔引用别人的话，是因为他（她）说得对，引起了我的共鸣，或用来佐证自己的观点，增加说服力而已。

我常常想，为什么叶圣陶、陶行知的书好读？为什么连外国的马卡连柯、苏霍姆林斯基、雷夫·艾斯奎斯写的书也好读，不像读有些理论家的书那样晦涩、费解？他们的书不但好懂，而且让我们感同身受。为什么？因为他们是教育家，而不是空头理论家。教育家的书都是做出来的。

作为一位教师，必须把工作做好，课上好，否则写什么？还要会思考、会感受，少了这一条也不行。没有"消化生活的胃"，对所从事的工作就不会有深切的体察和深刻的认识，就概括不出规律性的东西。

教育的理论是古老的理论。我只不过是用孔子、苏格拉底等中外教育家的理论演绎自己的故事罢了。我很卖力，很勤奋，因为我总想做个学生喜欢的老师，不能愧对学生以及他们身后的家长。

但，做到这一点不容易。我不断告诫自己：不要忘记自己曾经是孩子。一想到孩提时的我，我对学生就会多一份尊重、理解和宽容。我会向学生交出这样一张"名片"——"名片"的正面写着两个大字：微笑；下面书写着三个关键词：尊重、理解、宽容。"名片"的反面写着两个大字：负责；下面也书写了三个关键词：严格、顶真、耐心。

由此，我有了许多故事和体悟；于是，写的习惯让我把它们形诸文字；于是，有了这一套书。亲爱的读者，其实，我的"教学实录"，也是我和学生书写的故事，是有趣的故事。不信，你们读读看。

好文章的确是做出来的，不是写出来的。

"做"出来的文章是鲜活的，可感的，有生命张力的（恕我也使用了"张力"这个费解的词），因而更具有可读性。

三

这套文集主要包括以下三个方面的内容。

1. 对教育的实践与感悟；

2. 对语文教学的实践与感悟；

3. 忆师友与对人生的感悟等。

本人从教五十多年，主要教的是语文学科，所以有关语文教育的，占的篇幅最多。除了有对语文教育的认识，更多的是语文教育实践——课堂教学实录。读者从中可以看出我的教育观、语文观、学生观，乃至于我的性格、为人和其他的方方面面。教学实录是最生动的教学论文，是最鲜活的语文教学法。同时，如我刚才所说，也是故事。

《做一个学生喜欢的老师——我的为师之道》，是刚写好的，本书是我对自己从教五十多年的较为全面的总结。这本书，可以说是我的"封笔"之作了。我很用心写它；写好了，也很喜欢它。和其他五本比起来，我自认为，它也是"压卷"之作。因为是一次全方位的总结，个别文字和课例，难免与其他几本书有相似或重复之处。

四

有一次，我的一位徒弟写了一篇题为《你了解学生在家里的表现吗》的文章，请我提提意见。一看题目，我就问："你是质问我吗？——这个题目我读了有点不舒服。我想，任何一位读者读了都会有同感。"接着，我对这位徒弟说，写文章要有读者意识。第一，写的东西，对读者有好处，要传递"正能量"。即使是让读者消遣，那也一定得给读者带去一抹阳光，一缕春风，让人心情放松，甚至博得读者开心一笑。如果文章写出来自己都觉得没多大意思，我绝不投寄给报刊社，不能无端地耗费读者的精力和时间。只有自己觉得有点味道，甚至把自己感动了，才小心地投寄出去。有时，把写好的稿子先请你师母"审阅"。她读后脸上若有笑意，便有门儿；若眉头锁起，评价时吞吞吐吐，我就会把它丢进纸篓，或者打入"冷宫"，以后再加工。第二，要考虑别人能否读懂，尽量不要给读者带来麻烦。老舍先生曾说过，既然我们的语汇中有"可是"、"但是"，就不一定用"然而"。写文章是与别人交流思想的，不要卖弄自己的文字技巧。因此，话说得越明白越好。第三，要摆正自己和读者的关系。我们和读者是平等对话、平等交流，不能有居高临下、教训别人的意思。即使对某些人、某些问题、某些现象有看法，在言辞上也要把握好分寸。

我的这位徒弟对我的话表示赞同，连声说："记住了！"

张志公先生说："语言的运用从今不从古，从俗不从雅，从易不从难。"

启功先生写过这样一副对联：

行文简浅显

做事诚平恒

我深以为是，而且努力去践行。至于做得怎么样，就有待于读者去评价了。

五

吴法源先生早就想为我出一套教育文集，为此，他费了不少心血。吃水不忘挖井人。感谢法源先生的抬举，感谢为本书的出版付出辛勤劳动的编辑朋友们！

目 录 | contents

引子 / 1

第一章　做"甘草" / 5

第二章　让每个学生都感到我喜欢他 / 23

第三章　是师非师，是课非课 / 37

第四章　童心不泯 / 53

第五章　行无言之教 / 71

第六章　激励 / 91

第七章　把课上得有意思（上） / 105

第八章　把课上得有意思（下） / 143

第九章　"明天的风景" / 191

第十章　还有话说 / 201

附录　我的小学老师 / 214

后记 / 221

修订版后记 / 223

引　子

　　光阴荏苒。乐呵呵地一路走来，竟不知老之将至。偶一抬头，才发现
"地头"离自己不远了。于是乎，有了"光阴荏苒"的感叹；于是乎，想写
一本书。倪萍能写一本《日子》，"白云"能写一本《月子》，我为什么不
能写一本呢？题目就叫《做一个学生喜欢的老师——我的为师之道》。

　　真的是"忽然"想写这本书的。不为别的，就是想为自己的教育人生
画上一个尽量圆的句号。舞文弄墨一辈子了，不写，似乎对不住自己小时
候的抱负。

　　题目有了，一时却不知从何写起。思来想去，就从我对自己的人生定
位写起吧。我对自己的人生定位并不高，就是想当一个学生喜欢的老师，
决不做被学生鄙视的老师。因为被学生瞧不起的老师太可怜。

　　转眼间，我在教坛度过了五十多个春秋。我成为一个学生喜欢的老师
了吗？或者说，学生喜欢我吗？

　　请看学生刘劼平在上海读大一时，在赠我的贺年卡上写的一段话。

　　　于老师，我在上海很想念您。离开您已经七年了，但还保存着从
　　前您和我们在一起的记忆。这些记忆，还有小时候受您的教育，都将
　　成为我这一生最珍贵的东西。我很庆幸，自己曾经遇到了您这么一位
　　特别好的老师；这是我最引以为自豪的事了。

　　她几乎每个春节都给我寄贺卡。她在徐州三中读高二时，在贺卡上也

写了类似的话。

> 于老师，我十分想念您，至今我依然怀念小学时有您的美好时光。我以做您的学生而感到骄傲！

早几年，学生赵贺的母亲每次见到我都说："于老师，赵贺上小学时写你，读中学时写你，读大学了，还写你！"

不止赵贺，上大学的学生写我的还有呢。下面是上大一的徐晴在《我的小传》里写的话。

> 我所走过的二十年的人生之路大致可分为四个阶段：玫瑰色的小学生活，明朗的初中经历，梦魇般的高中生活，以及刚刚开始的鲜活的大学旅程。
>
> 我永远怀恋我的小学生活，不仅因为我轻松而成功地完成了小学学业，更因为我当时在一个特别的五年制班级里遇到了一位特别的作文老师。作文课上，同学们争先恐后，畅所欲言，那场面真是"广开言路"、"百家争鸣"！因为不论你想得多么荒唐，所听到的评语总是赞扬的、鼓励的与肯定的。一次上作文课，我说慌了嘴，竟说："树上结满了西瓜。"引得哄堂大笑。于老师却说："说不定徐晴将来真能培育出树上结的西瓜呢！"在于老师的课上，我们可以激烈地与同学甚至与老师争辩，而从不用担心被老师批评。我想，我的气质与个性正是在这一堂堂作文课上形成的。为此，多年来，我一直感激我的作文老师——于永正。我原来是那样的胆怯，是他使我成为现在的我。

她上大三时，在《我的小学老师于永正》一文中写得更夸张：

> 是于老师塑造了我的人格。

就职于中央电视台的晏妮对她父亲说："从幼儿园到大学，于老师是我遇到的老师中最好的一位。"她父亲说："于老师也是我遇到的最好的老师。"她父亲叫晏军，也是我的学生。

一天，我刚走出电影院的门，一辆出租车戛然停在我身旁，硬要拉我。原来司机是我教过的学生！

每年春节，我会收到许多学生寄来的贺卡、挂历、台历或其他礼物。

每年教师节前后，我会接到许多学生邀我参加聚会的电话。

我成为了一名学生喜欢的老师吗？

学生喜欢我吗？

从学生的反馈中，我想应该是的吧。

那么，我是怎样成为学生喜欢的老师的呢？我的为师之道是什么呢？

第一章
做"甘草"

"甘草"只是个比喻。对我来说,虽不十分贴切,倒也有些意思,容易引起人们的联想,并去做比照。

一

与我共事三十多年的学弟朱友明称我是"甘草",说:"于永正具备甘草的品格。这是他与同事之所以相处得好,学生之所以喜欢他的原因之一。"

我被他的这一番高论说蒙了。但我知道他对中医、中药颇有研究,因此说道:"愿闻其详。"

于是,友明学弟把我和甘草的三大特性一一做了比照。

二

第一,甘草性温、味甘。

对我,同时也是对同事,友明说:"永正像甘草一样温和——确切说是温厚。一个对学生如此温和宽厚的人,学生能不喜欢吗?"

这话并不完全是奉承。我的张敬斋老师、李晓旭老师,还有读初中和师范时教我美术的郭宁兆老师,都是"温厚"的典范。微笑是他们共同的名片,宽厚是他们共同的品格。我第一眼看到他们,便没有距离感,没有恐惧感。他们的高尚品质,潜移默化地影响着我,在我还是学生的时候,便悄然融入了我的血脉。走上工作岗位后,我努力向我敬爱的三位老师学习,向他们看齐。每当我要动肝火的时候,便想想这三位老师,而且每当这时,三位老师会立刻浮现在我的眼前。于是,刹那间,我便有了一份冷静,有了一种别样的心境。

在人生的旅途上,有两种"老师",一种叫"榜样",一种叫"错误"。"榜样"——如我上面谈的三位老师——是我前进的"标杆",告诉我该"怎样做"。"错误",则是前进路上的"警示牌",告诉我,什么

"不可为"。参加工作不久，一位学生调皮，被我推倒在地，我因此受到校长的严肃批评；事后几天，徐州市教育局处分了一位体罚学生的老师。这两件事让我吃惊不小。一天，我班小朋友在议论邻班的班主任，说该老师如何如何凶，学生如何如何骂他，并给他起了外号。小朋友"义愤填膺"，在我面前毫无顾忌地大声说着。我制止了学生的议论，却抹不去他们心中的阴影，更抹不去我心中的愧疚。我虽然还没那么凶，但"厉害"还是有的。学生的话无疑也是对我的"警示"。在我的人生旅途上，有这两种"老师"的指引和警示，而且我能做到"思齐"与"内省"，这使得我不断地成熟起来。"成熟"的标志之一，就是"性温"，遇到问题，能"后退一步"，摆正自己的心态。

我曾经写过一篇叫《微笑教学》的文章。文中记叙了一些我怎样应对令我生气的事。现摘录其中一件。这件事是从学生的作文本上抄来的。

一天，于老师讲《渔夫和金鱼的故事》。看到"金鱼"二字，我脑子里立刻浮现出许许多多金鱼的形象，红的、黄的、黑的、白的……于是不由自主拿起笔在课本上画起来。一条，两条，三条……忽然，笔不听使唤了，画不动了。我抬头一看，原来是于老师把笔摁住了。我慌忙用手捂着满是金鱼的课本，惊恐地望着老师。

于老师微笑着说："你把课文好好读读，好好琢磨文中写的这位老太太，为课文插幅图，怎么样？"

多么令我感动的笑，多么令我难忘的笑！

从学生张雷写的《于老师的笑》这篇作文中，也可见一斑。

"于老师！"一个委屈的声音把刚刚在讲桌前坐下的于老师又叫了起来，一个小女孩跑了过去。

"张宁宁，什么事？"于老师和蔼地问。

"房栋他甩了我一脸墨水！"

可不是吗，脸上一点、两点、三点……共有十多点呢。

"哟，这是谁的杰作？房栋？我们宁宁那漂亮的脸蛋，加上几点墨水，更美了，真可谓'锦上添花'呀！"

于老师一句幽默的语言，使宁宁破涕为笑。

"去洗洗脸吧！"于老师说完，转过脸来看着大家。

房栋刚才还为自己的"杰作"而沾沾自喜，一看于老师转过脸来，吓得一缩脖子，赶快拿起笔来写作文。写了几个字后，偷偷地瞧了于老师一眼。没想到于老师正在朝他笑呢。房栋看了，羞得满脸通红。

事后，房栋对我说，他本以为于老师会一本正经地把他叫起来，批评一通，然而，于老师却对他一笑，这使他觉得无地自容。

是的，于老师的笑是最温和，也是最有效的批评。

从学生的记叙中，可以看出老师的心态是多么重要。心态平和了，处理的方式就会为之改变，由暴风骤雨变为和风细雨。这样处理，学生既不尴尬，又能认识到自己的问题，使生生之间、师生之间保持一种和谐的关系。后来，我把房栋的名字改为"房不动"——你要是不动该多好，咱们班就会安静多了。现在，同学聚会时，大家还有喊他"房不动"的。房栋毕业于西南政法大学，如今已成为一名大法官。

至圣先师孔子有五大美德，叫作"温、良、恭、俭、让"。温文尔雅、和蔼可亲居五大美德之首。应该说，"温"是所有学生对所有老师的第一期盼。

三

甘草的第二个特性是包容。

友明说："在《伤寒论》的110个处方中，有74个处方用了甘草。它几乎能与所有草药为伍，不但能'解百药毒'，还能提高其他药物的疗效。

甘草有很强的包容性。而永正就具有甘草的这种包容性。"停了停，他又说："包容就是宽容、大度，有气量，不计较。"

这倒是真的。我的做人准则是：不论人非，但言人是；容人之过，谅人之短；见贤思齐，见不贤而内省。

1985 年秋，我被评为特级教师不久的一天，鼓楼区文教局的业务部门——教研室和进修学校的同人们一起开会。会上，一位进修学校的老师说："有人备好了一节课，到处上，我不敢说是招摇撞骗，但至少这算不了什么本事！"同事们的目光投向了我。这位老兄的语言够刻薄的，但我完全理解他的心态。我站起来，对发言的老师一笑，说："这位老兄显然是说我的。感谢你的提醒，作为一个特级教师，我是应当努力上好每节课。"落座不久，一位同事递给我一张纸条，上书"雅量"二字。事后，还有人戏说我颇有点像林肯。

说这话的同事一定读过林清玄写的《鞋匠与总统》。文中林肯的肚量堪比弥勒佛。但据读过《林肯传》的人说，此事在《林肯传》里并无记载，不知林清玄先生是从哪里扒拉出来的。

至于对待学生，我会更包容。

"文革"期间，有一女同学骂我。我得知后，找她了解原因。原来是因为她与一同学发生了矛盾，我处理得不公正。本来不怪她，我却把错误都归咎于她了。于是我不但当面向她作了检讨，还写了一张大字报，题目是《学生为什么骂我》，公开承认错误。这张大字报竟被到我校"视察"的"徐州革委会"的一位军首长看到了，说："还有如此襟怀坦荡的老师啊！"为此，不久我还到南京出席了一个什么学习积极分子的会议。后来，我见到了这位女同学的父亲，他握着我的手说："于老师，您的坦诚和宽宏大量不但感动了孩子，也感动了我们家长啊！"

人是易怒的动物。开始当然也很生气，但我记住了一句格言："先处理心情，再处理事情。"于是很快冷静了下来，于是才有了上面的处理方式。

让我最感欣慰的是，尽管"文革"期间教学秩序大乱，但我带的班都始终纪律井然，学习氛围浓厚。为此，许多同事对我刮目相看。

1968 年，徐州市所有民办小学合并到了公办小学。大马路小学分来一个五年级班（由几所民办小学拼凑起来的）。第一任班主任王老师只教了一个星期，便"败下阵"来——班级狼烟四起，根本无法上课。第二任班主任刘老师教了还不到三天，也"拨马而逃"，大叫"教不了，教不了!"。校方只好"降大任"于我。我接班只两三天时间，班级就变样了——学生们安静了。

我不是抱着"治"学生的态度，而是抱着"接纳"学生的态度来到这个班的。我采取的策略是"以柔克刚"。所谓"柔"，就是不先"晓之以理"，而是先"动之以情"。

第一节语文课，我教的是《珍贵的教科书》。我一开口朗读，学生就安静了；等我读完全文，学生的眼里都噙着泪花。师生泪眼相望。我轻声说了一句话："我们今天是多么幸福啊!"然后教学生字，指导写字；最后抄写词语——每个生字我都组成了三个成语。一节课，我表扬不断，鼓励不断，眼睛都不敢眨。四十分钟不知不觉过去了。第二天朗读《草地夜行》，第三天朗读《卖火柴的小女孩》，第四天朗读《半夜鸡叫》，每课朗读完（师生共读），就是写字、抄词或者造句。没有分析讲解，也不敢分析讲解——怕学生坐不住。

我用动情的朗读和热情的鼓励"征服"了学生，使他们的心柔软起来，唤醒了他们被"文革"乱象遮蔽了的良心，唤醒了他们的求知欲望。"动之以情"是"晓之以理"的"迂回战"，"情"中所包含的"理"有更强的教育作用。我认为，"动之以情"、"晓之以理"应该是教育的一项重要原则。

一个星期内，我走访了五六位"顽劣"儿童的家庭，与家长、学生促膝谈心。我的这个做法，让学生及其家长十分感动。他们说，孩子上了五年学，这是第一次看到老师家访。老师、学生、家长是要沟通的。老师一旦怀着坦诚、尊重和平等，主动踏进学生的家门，有很多问题、矛盾便会自然消融，学生、家长、老师之间的关系也会慢慢变得融洽。任何真情的流露，都会收获感动。如果说"宽容"会有"谅解"的成分，那么"包容"更多的则是"接纳"的意思。

一个老师如果有较好的语文素养，又有悲天悯人的情怀，那么他的教育就一定会成功。

"包容"的前提是"理解"，"理解"的前提是"不要忘记自己曾经是孩子"（苏霍姆林斯基语）。

一天，丛翔同学迟到了。于是有了下面的对话。

> 于：怎么来晚了？这对你来说，还是第一次呢！
>
> 丛：睡过头，起晚了。
>
> 于：早饭没来得及吃吧？
>
> 丛：没。
>
> 于：（凑到丛的耳边）下课后到办公室去，我抽屉里有饼干。
>
> 丛：谢谢老师！不过，我不吃。
>
> 于：必须吃！你妈妈多次对我说，你对吃饭很不当一回事。

丛翔回到座位后，我对全班学生说："谁想吃我的饼干，明天也可以晚来一会儿。"

没承想，学生中居然还真有说"明天我晚来"的！一下子把同学逗乐了。

对迟到的学生我从来不批评，甚至怀有敬意。为什么？因为我上小学四年级时，有一天迟到了，在校门口徘徊了半天也不敢进，最终选择了逃学。面对迟到了，又敢在门口喊一声"报告"的学生，我真的很佩服他们的勇气！真的自愧不如！

我在《教海漫记》一书里，记了这么一件事。

> 一天，我路过教室门口，发现刘云站在教室门口，头低着，鼻涕从鼻孔里探出头来，一个大书包拎在手里。
>
> "是迟到了，还是犯错误被老师撵出来了？"
>
> "迟到了。"他轻吸了一下鼻子。

我推开门，对正在上数学课的侯老师说："迟到了，敢进校门，敢在教室门外喊一声'报告'，需要多大的勇气！就凭这一点，我看是不是让刘云进教室听课？"

侯老师点头同意。

我对全班学生说："我小的时候，有一天，迟到了，连校门也不敢进，在大门口转悠了半天，又背着书包回家了。我不如刘云。"

刘云把快要"过河"的鼻涕迅速擦掉，偷偷地笑了。

一句话，化"窘迫"为"轻松"。而且，在我的记忆中，刘云从此再也没有迟到过。

这样的宽容，完全出于理解——一种推己及人的理解。推己及人，就是孔子说的"恕"，"恕"就是"诚敬、宽厚"，就是"己所不欲，勿施于人"。迟到了的同学何尝不爱面子？他们何尝不怕挨批？偷黄瓜的学生事后何尝不难为情？何尝不怕老师"揭老底"？于是我选择了不伤他们面子的处理方式。

推己及人，让我有了平静的心态和处理问题的智慧。

我毕竟不是"大腹能容，容天下难容之事"的弥勒佛，发火的情况也是有的，但我不会让愤怒的情绪持续长久。在这种情况下，我除了会想到我的老师，还会想到两位历史人物，一位叫楚庄王，一位叫曾国藩。

有一出京戏叫《摘缨会》，说的是，一次楚庄王打了一个大胜仗，大宴群臣于渐台之上，命爱妾许姬为大臣敬酒。忽然一阵大风吹灭了所有的灯烛。有一人乘机牵许姬的衣袖，许姬反手扯下了他的帽缨，此人惊慌放手。许姬把此事告诉了楚庄王，要求掌灯，查出帽子上无帽缨的人。谁知楚庄王不但不掌灯，反而下令，要百官统统摘去帽缨，尔后掌灯，继续痛饮。楚庄王对许姬说："酒后狂态，人之常情！"后来，在一次与吴国的交战中，一个叫唐狡的人作战勇猛，奋力拼杀，楚庄王慨然，问他为何如此奋不顾身。唐狡说："臣，先殿上绝缨者也！"

◎蹲下来看学生——我和东莞市的小学生在一起

"人之常情",是换位思考;"酒后狂态",是对此事的定"性"——属"人民内部矛盾",可以不予追究。"摘缨会",是对"包容"的绝好诠释!

还有曾国藩。他小时候,有一天站在窗前读书,一位同窗大声说:"干吗站在窗子前读书?把光线都给我挡住了!"曾国藩一声不吭,回到座位上读。这位同窗又说:"干吗声音这么大?吵死了!"曾国藩二话没说,连忙改为默读。

这是何等的胸怀,何等的涵养!

想想这两个人,面对自己的学生以及同事,还有什么气不能忍?还有什么"火"扑不灭?

书,真是养人的。读书、看戏,真的可以"医愚"。

四

甘草的第三大特性是调和。

友明说，一服中药里，加进了甘草，可以降低其他药物的毒性，就是所谓的"解百药毒"，减少副作用；同时，还能提高各味草药的疗效，这是十分了不起的！这叫什么？叫调和！"解毒"，叫去其"过"；"增效"，叫促其"及"。在中草药里，甘草是伟大的中庸之道的守望者。友明说，于永正之所以赢得学生的喜欢、信赖和尊重，是因为他"谙熟中庸之道"。

"谙熟"谈不上，但我懂得做事要把握好"度"。

前面说了，为师者对学生要温和、亲切，这无疑是十分重要的，但只强调这一方面不行。让我们看看孔子的学生是怎样说孔子的："子温而厉，威而不猛，恭而安。"意思是说，孔子既温和又严厉，既有威仪又不凶猛，既庄重又慈祥。也就是说，孔子在"温"和"厉"、"威"和"猛"、"恭"和"安"两端之间寻求并把握相对合适的"度"，做到"无过无不及"。

作为老师，要和蔼亲切，温文尔雅，但一味地"温"是不行的，还必须"严"；但一味地严厉也是不行的，它会让教育变得更糟糕！同样的道理，"威"与"猛"、"恭"与"安"都要有"度"，切不可只执其一端。

比如学生挨了我一顿严厉的批评，一定会感到沮丧，甚至怨恨于我，以至于产生抵触情绪。我会在最短的时间内——第二天或第三天——找一个恰当的理由，在班里郑重地表扬他。一次不行，至少两次。这样才能使其心理得以平衡。实在找不到夸他的理由也无妨，可以请他做一件事，如帮助老师收作业本，到办公室取一样东西，等等。学生很乐意帮老师做事。老师请他做事，他会认为是对他的信任。更简单的办法是主动找他说话。注意，不是"谈话"，是说话！——说些家长里短，或"今日天气"之类的话。如果我说的话，让他意识到还是在"教育"他，他的心理天平会更倾斜，这番话会适得其反。

我把这种做法形象地称为"打了一巴掌，别忘了及时给揉一揉"。

课上，小军又在摆弄东西了，这次玩的是一辆小坦克。"给我！"我把手伸出来。他全然没发现我站在他身旁。他执意不给。多么精致的小坦克啊！怎么舍得交出来呢？"你主动交给我，我还会还给你；否则，就不敢说了。"我郑重地说。于是他选择了"主动交出来"。

一天，我为一位请假的同事代课。我站在教室门口，有两位男生无视我的存在，上课铃声落了，还在讲话，旁若无人。我径直走到二人跟前，说："请二位到办公室去，我看你们好像对上课不感兴趣。不是因为你们班主任没来吧？"二人岿然不动！其中一人用一只手拉住了桌子腿，做好了抗拒我拉他的准备。"不去也可以，但你们必须把名字写在我的备课本上。"我说。他们毫不迟疑地选择了后者。我轻声念着他们的名字，说："说不定我们会成为朋友呢！"然后，顺利地完成了我的教学任务。

下课时，我对两位说话的男生说："教室是公共场所。我们每个人都要自觉遵守公共秩序。"

过了"不惑之年"，对我来说，"中庸"不再只是一种"知识"、一个"道理"，而是融入了我的血脉，成为一种素养，让我成为一个"真诚恻怛"的人。我大发雷霆说的愤怒的话不会超过三句，往往第三句话还没出口，就会被"恻怛"制止住了。

喜欢优秀的学生，是无可厚非的。对优秀的学生，我激励、激励、再激励，因为他们的潜能大得很，要让他们找到最适合他们的发展点，但我也会让他们对自己有个清醒的认识，知道自己的不足。知"不足"的办法有二，一曰"比"，二曰"找"。比，有近比和远比。近比同学：半个学期下来，某某同学已背40多首古诗词，你呢？远比古今名人：李白"五岁诵六甲，十岁观百家"，我们呢？比，能让学生看到"天外天"、"山外山"，进而迸发出上进的动力。"近比"产生的动力，要大于"远比"。二曰"找"，找自身的不足。所谓"不足"，即"不及"的方面。

——你的作文写得很好，但字迹欠工整。

——你的语文成绩没说的，希望数学成绩也同样优秀。

——什么时候能听到你的手风琴独奏：《打虎上山》？

——希望学到《守株待兔》时，能看到你和你的小伙伴演的课本剧。

——我想从你爸妈那里听到你在家里的良好表现。

……

这些话，都是针对某些学生的不足说的。一般地说，学生还是在意我的期待的。当然，老师的期待必须是真诚的。有些话，还要反复说。一旦学生有所进步，还得及时肯定，让学生感到，我真的时刻在关注他。

日常教学工作无时无刻不在考验着我们的智慧。

学生很善于发现别人的缺点。每次学生读完某一段课文，或者回答完一个问题时，总有人举手——不消问，百分之九十以上是提缺点、说问题的。等学生说完之后，我总是这样说："你的批评很正确，但我还想听到你对他的肯定的话。"

有时候，我会笑问要发言的学生："你是不是想告诉读书的同学丢了一个字？这一点，他一定发觉到了，我们就不说了，同意吗？"然后我就请读书的学生说说丢了一个什么字。学生一说出来，我就说："你看是吧？他知道错在哪里吧？"学生已经难为情了，再批评他，就好比在伤口上撒了一把盐，这样做就叫"过"。

我教过一个叫刘卓薇的学生。一次评优秀学生时，她落选了。一位同学对她说："你没评上，是因为于老师偏向。"她说："不是的。我没评上，是因为我不够条件。"

这件事太让我感动了。我立即在班级里表扬了她，说她能正确地对待自己，正确地对待别人。从此以后，每逢选干部、评优秀学生，我都会"未雨绸缪"，先讲刘卓薇的故事，要求学生正确对待名誉，正确对待自己和别人。评选结果出来，我还讲这件事，让落选者的心理得以平衡。而且，我的爱的天秤，在一段时间内，会向落选的学生身上倾斜。

有一位学生默写时把"诉"字写错了（最后一个点儿给丢了），老师说："把'诉'字写八遍！"（默字簿上，一行正好八个格）

该生前四个都有点儿，可是后来的四个——那个点儿又没了！

过犹不及呀！

一个生字写几遍为好？实践证明，写三四遍为好。少了，不行，记不住，也写不好；多了，往往适得其反，也达不到预期的效果。要"适度"。

问题是，全国的中小学学生作业负担太重。为了"应试"，老师们迫不得已实施"题海战术"。现在，"题海战术"已演变成"题海战役"！

请看钱正权老师（杭州市著名特级教师）和他读小学五年级的外孙女的一段对话。

女：外公，你认识沈大安吗？（注：沈大安是著名特级教师，杭州市教研室主任）

钱：认识呀，他是我们教研室主任。

女：我们同学恨死沈大安了！

钱：为什么？

女：他编的练习册把我们害苦了！晚上不能按时休息，连双休日都不能玩！

钱：……

（注：杭州市1-6年级小学生语文练习册的封面上，都有"沈大安主编"字样。唉，沈老师也是的，为什么要挂"主编"这个头衔呀！）

我从来都不把练习册放在眼里。开始，让学生选做其中一部分，后来干脆把它"废"了——一点也不做。学生当然为之高兴。我的语文作业只有写字、读课外书和写日记。另外，还有"玩儿"——玩，当然是小学生的作业！

日记、日记，天天记，学生不烦吗？不。我的"政策"好——写一句不嫌少，写一两页不嫌多；一个星期，能有一篇日记写得比较长，像篇小作文，我就很满意了。于是，学生高兴了，乐意了。一天只写一句话，显然不是我的初衷；天天写得像模像样，学生又吃不消。于是我取其"中"。

"政策好"，就是把握好"度"，不"过"，也"无不及"。

实践证明，我的学生不怕考试。字写得好、书读得多、文写得棒的学生怎么会考不好语文？

靠做练习册长大的学生没出息，即使以高分考上大学，终究也是平庸之辈，因为分数是无用的——我说的是无"用"！

我的同事沈维佳老师的儿子高考一结束，回到家里，把三年高中做的一大堆练习册，一把火焚了。他声泪俱下地说："三年来，我做了一堆垃圾啊！"

这是对应试教育的血泪控诉！为做这一堆垃圾，他付出了多大代价（包括健康方面的），做了多少无用功！该"及"的"不及"，比如书写、课外阅读，是老师失职；而"过"，比如搞"题海战术"，则是对学生的摧残，它比"不及"更有害！

我们不禁要问：我们的眼光何在？智慧何在？道德何在？

上海市著名中学语文特级教师钱梦龙是个有智慧的老师。他教初中，学生的中考成绩好；教高中，学生的高考成绩好。人问何故。钱老答曰："平时按学习语文的规律教——多读多写。考试前的几天，搞'应试'——把历年来中考、高考的卷子拿来让学生见识见识——会的不做，不会的努力去做，实在不会的，讲给学生听，而且告诉他们，考试时遇到这样的问题怎样对付。"搞应试教育害死人，不应试也不行——有考试就有应试。钱老师取其"中"。这就叫"中庸的智慧"！后来，我也学了钱老师这一招，果然，学生的考试成绩更好了！

有一次，子路问孔子："听到了就去实行它吗？"孔子说："有父兄在，怎么能听到了就去实行呢？"冉有问同一个问题，孔子却说："听到了就去实行它。"公西华大惑不解，就向孔子讨教。孔子说："冉有遇事退缩，所以鼓励他向前；仲由的胆量有两个人的那么大，所以想让他退却一点。"

（《论语·先进》）孔子的因材施教、因人制宜就是中庸之道。冉有退缩，是"不及"，就推一推；子路"兼人"，过了，就拽一拽。

一般情况下，我不全班布置一样的作业。比如写字，每个人只写没"过关"的。如都会默写了，再写，就是练书法了——要求写得更美观、入体。比如读课外书，有人每天读 30 页，有人则读 10 页；说话、作文不通顺的，不善言辞的，除了默读，还必须朗读其中一部分。有的则要求开卷便朗读（为了减少疲劳，声音可以小一些）。这叫"因人而异"。针对每人的"不及"，施之以不同方法达到"及"。能挑 100 斤的，则挑 100 斤；能挑 50 斤的，则挑 50 斤。只要坚持挑了，都视为合格，甚至视为优秀。这叫人人做到"适中"、"恰到好处"，即人人去摘能够得着的桃子。

◎2002 年，我与在江苏省兴化市实验小学执教《说说、画画、写写》一课后刚结识的小朋友合影

有人数学成绩不好，没有关系；有人音乐学不好，没有关系。只要有你喜欢的学科或专长，就会成为有用的人。怕的是没有自己的兴趣和专长。

将来走向社会，能找到适合自己的位置，或者说，自己能适应社会某一方面的需求，有个"安身立命"的所在，这就可以了。以上叫作人人找到自己的"可及"处，努力达到"可及"处，做最好的自己。

教育的意义就在于发现每个学生的闪光点——鼓励他，戒骄戒躁，防止懈怠，一直沿着"正路"走下去。教育的魅力也恰恰就在于发现每个学生的"弱点"，引导、鼓励他努力由"不及"到"及"。

有经验的教低年级的老师，会在课上到一半儿的时候停下来，让学生活动一下；有经验的体育老师，会在学生做了较剧烈的活动后，让学生放松一下；精明的老师，绝不会发现学生注意力已经不集中了，还会滔滔不绝地讲下去，而会请学生思考一个问题、读读书，或做点别的事情；优秀的老师，不会只用一种语调、一种语气说话，而会不断变化着自己的音调、语速，而且表情、眼神也会随之变化；一个热爱教育、懂得教育的老师，会安排好一个学期的教学节奏，把课内与课外、校内与校外的教学与活动安排得有条不紊、张弛有度……

下面是我的一份六年级下学期活动安排。

一、了解彭园（徐州的一座公园）的树

1. 时间：4 月 5 日—15 日。

2. 利用星期天到彭园调查，认识彭园的树种，尽可能多地知道树的名称和特点。

3. 集体游览彭园，边欣赏边交流自己的观察所得。

4. 写调查报告：《彭园的树》。

二、钓龙虾比赛

1. 时间：5 月 30 日。

2. 地点：郊区刘湾村。

3. 一等奖 10 名，二等奖 10 名，其余为三等奖。

4. 自己命题写一篇作文。

三、话别

1. 时间：6 月 1 日—15 日。

2. 给你要好的一位同学和一位曾经闹过矛盾的同学，以"话别"为内容，各写一篇作文，题目自拟，希望能在文中引用古人写"离别"的诗句。

3. 举办"同学友谊地久天长"朗诵会。朗读自己写的关于"话别"的作文。

这三项活动的安排，意在缓解六年级下学期学生紧张的学习生活，给毕业前的学习生活注入新的活力，并给学生留下美好的回忆。"文武之道，一张一弛。"实践证明，我们的目的达到了。

还有，教学中的深入与浅出、主导与主体、自主与合作，教育的赏识与惩罚，等等，都在考验我们的智慧和道德水准。

"中庸之道"是儒家观察世界、处世行事的基本思维方式。"中"是"中正"，"庸"是用（易中天教授解释为"不唱高调"）；"中庸"即"无过无不及"，做到随时适中，恰到好处。比孔子晚些时候的希腊哲人亚里士多德也说过类似的话，过度和不足乃是恶行的特征，而适中则是美德的特征。两位哲人的见解是多么惊人的相似！中庸之道不仅是一种哲学思想，也是至高的道德境界。

五

做甘草，就是做个好人；是好人才能成为好老师，成为学生喜欢的老师。

做好人，就是做个温和的人，做个宽容的、善解人意、善待学生的人。

做甘草，就是做个动脑子的人，有智慧的人。有智慧，才能把工作做好。

有智慧的表现之一，就是践行伟大的中庸之道。处理教育、教学中的问题，都要思而后行，做到"不过"，也"无不及"，让学生健康地、全面地、和谐地发展。

带着思考教书，才能不断修正自己的人生轨迹，少走弯路，避免误入歧途，才能不断完善自己的教育、教学行为。

智慧是在不断地学习、实践和思考中感悟并积淀的。

第二章

让每个学生都感到我喜欢他

> 每个学生都很在意老师对他的态度，内心深处都渴望老师喜欢他。但，要老师喜欢每位学生，难；可是，如果像美国教育家托德·威特克尔说的，"做出喜欢他的样子"，则比较容易。如此，教育真会出现一种别样的境界。

一

这是一件真事。一个读二年级的女孩，一天放学回家后对妈妈说："妈妈，明天我不去上学了。""为什么，孩子？""今天上课老师没向我提一个问题，甚至没看我一眼。"

是不是女孩小心眼，感情细腻而脆弱？不是。

我经常看到这样的报道：某某学生，为了引起老师的注意而故意犯个错误。有一年，我接了一个五年级的班，有一个姓韩的学生，上课时常和同桌发生纠纷，每次被我发现时，他都嬉皮笑脸地望着我。我心里想，你这套把戏岂能瞒得了我！还不是想让我注意你？于是我经常让他回答个问题，读读课文，有时还让他帮我收作业簿。不久，他便和我亲近起来，再也没发现他和同桌闹矛盾了。由此看来，无论男生女生，都很注意老师对他的态度。

我读小学四年级时，班里有个不太被老师注意的男同学，叫梁延兆。一天写完大字，他把砚台上剩下的墨汁，用舌头舔了个精光，然后咧着黑色的大嘴巴对大家说："张老师经常说，我们肚子里要有点墨水。这下，我肚子里的墨水多了吧？"闻讯赶来的张老师哭笑不得，说："你再幽默，也不能真喝墨水呀！"说完，连忙带他去洗漱。

不过，此后张老师常常拿"墨水"说事：

"延兆能把所有课文背下来，这下，肚子里真有墨水了！"

"延兆的作文，再也不像造句了，这都是因为肚子里有了墨水呀！"

张老师每每这样说，延兆就偷着乐，我们则笑呵呵地看着他，分享他进步的喜悦。

在张老师的关注和爱意中，延兆悄然地变化着。

梁延兆吃墨水是不是有意为之，意在引起老师的注意？不是，他经常做些傻乎乎的事。此事纯属"歪打正着"——没想到从此引起了老师的长久关注！

二

其实，每个学生——不管是低年级的还是高年级的，不论是男生还是女生——都十分在意老师是否注意他，十分在意老师对他的态度，内心深处都渴望老师喜欢他。

美国教育家保罗·韦迪花了 40 年时间，搜集了 9 万多个学生所写的信，内容是关于他们心目中喜欢的老师。他从中提炼出好老师的 12 种素质。每一种素质都附有学生的原话。

其中有下面三条。

——老师必须喜欢我们。要知道，我们一眼就能看出他喜欢不喜欢教书。

——老师应对我们有礼貌。我们也是人。

——老师只和好学生谈话，难道他不知道我也在努力吗？

这是全世界学生的心声。从中我们可以看出，学生是多么关注老师对他的关注呀！是多么希望老师尊重并喜欢他们呀！

如果我们能做到喜欢每一个学生，教育无疑会进入一种别样的境界。但是，做到这一点，很难，至少我做不到。在教育的现实中，我们允许老师不喜欢某些学生，但不允许不尊重学生。尊重是做人的第一原则，也是教育的第一原则。后来，我在一篇文章中读到了美国教育家托德·威特克尔的一段话，对我来说，真如醍醐灌顶，大受启发！他说：

不强求你喜欢每个学生，但要做出喜欢他的样子。如果你的行为并不说明你喜欢他们，那你无论多么喜欢他们都没有用。但是，如果你的行为表现出你喜欢他们，那么，无论你是否真的喜欢也无关紧要了。

这样的话，只有身为教师的人才能说得出！只有在教育实践中，认真体察、深入思考的人，才能有如此真切的感悟！

这样的话，一定会让某些道貌岸然的理论家所不齿——明明不喜欢，怎么还要做出"喜欢的样子"呢？老师岂不成了伪君子？

但，不是！

这段话的关键词是"样子"和"行为"。"样子"我会做，因为很简单——

- 讲课时，我"眼观六路"，会用亲切的目光看着每个学生；
- 学生回答问题时，我会以专注、期待、鼓励的目光看着发言的人；
- 我会把一些较易回答的问题请学有困难的学生回答，或请他们读读课文中的某一段话；
- 对学困生我会随机耐心辅导，尤其不能忘记学有困难、性格内向的女生，因为她们不善于甚至羞于表达自己的诉求。
- 学生的红领巾歪到一边去了，我会为他扶正；
- 课外活动时，我会加入学生跳绳的行列；
- 课间，我会找调皮男生掰手腕，并让他两只手！

……

伴随这些"样子"的，是我的微笑。微笑已经成为我的一张名片。脸上有笑，学生就有亲切感，而无惧怕感。当然，微笑有时也会从脸上消失，但，我会很快找回它。

三

用手来表达"喜欢"的意思更便捷——

- 用手摸摸学生的小脑袋；
- 用手轻拍一下学生的肩；

- 向学生跷起大拇指；
- 做些提示性动作……

类似下面的对话常有：

师：（用手扶起学生的前额）眼离书本一尺远！你可倒好，眼睛快贴到书本上了。是不是想向于老师看齐，争取早日戴上近视镜啊！

生：（连忙抬头挺胸）这个不向你看齐！

有时，我只做动作，而不言语。这是于婧同学作文中的一个片段：

我正在聚精会神地做作业，忽然，一只温暖的手扶着我的前额，慢慢地向上抬起。原来是于老师。他的一双眼睛望着我，好像在说："'三个一'怎么又忘了？"

我不好意思地一笑，立刻把身子挺直。

于老师轻轻拍了一下我的肩膀，朝前走去。

从此，我每次做作业的时候，就觉得额前有一只温暖的手。它时时提醒我：写字，一定要保持正确的姿势。

这个片段，我在编写苏教版语文习作教材时，用过它。

类似的情况，可以说堂堂课都有，随处都有。

四

掌声有更强大的赞赏与肯定作用。说到掌声，我想起了在《参考消息》上读到的一则故事：

一位大官喜欢吃鸭子，厨师每餐都为他准备一只鸭子，但都少一只腿。大官纳闷，问厨师是否吃了一条腿。厨师说："没有啊！您到后院看看，我们养的鸭子都是一条腿。"大官到后院一看，鸭子都一条腿站着。大官知道这是鸭子睡觉的习性，于是拍拍手，鸭子惊醒，放下了另一条腿。大官指责道："你骗了我！你看鸭子不是两条腿吗?"厨师道："我上菜的时候可从来没见您鼓掌。以后上菜的时候，请您鼓鼓掌，鸭子就是两条腿了。"

这个故事当然是杜撰的，但它道出了一个真理：掌声是有力的赞美。

学生终于想出了正确的答案，终于把课文读得正确、流利、有感情了，终于写出了一篇好作文，或者，终于有一天默字没有一个错别字，我都要为其鼓掌。"终于"的背后是学生的付出与艰辛，不容易啊！哪怕只取得些许进步，也应当为之鼓掌。

一次，我在深圳执教二年级的《梅兰芳学艺》，要求小朋友用"终于"造句。久久不见一位小朋友动笔，我走过去要帮助他。他说："我正在想。"过了一会儿，他终于造出了一个句子："于老师小时候学习拉京胡，大家都说他拉得难听，像杀鸡似的。经过努力，他终于拉得很好了。"

多好的句子！多么努力的小朋友！于是教室里响起了热烈的掌声！当然，我的掌声最热烈。

五

我的"行为"，更多的是体现在表扬上。我从来不吝啬表扬。

师：太阳从西边出来了！郑文明这次作文又没出现一个错别字，这是第三篇了！如果下次作文再保持无错别字的纪录，我就送他一本书，扉页上写上："赠消灭错别字大王——郑文明。"

郑：谢谢于老师的鼓励！我努力！

师：蔡苏，听说你钢琴过四级了，南京师范大学的欧阳教授夸你弹肖邦的《小狗》最出色!

　　蔡：是过四级了。

　　师：祝贺你!听说欧阳教授要把你留下来?

　　蔡：我要跟你学作文,长大当作家。

　　师：让我们一起努力!

表扬,最能让学生"感到"老师喜欢他。

◎我在表扬学生苗子龙写的字好

六

我始终没忘记罗森塔尔效应。这样的谈话很多——

　　于：你的作文,语言通顺多了,这与你重视朗读有很大关系。

　　松：我按您的要求,每天读课外书也出声地读。

　　于：你有很大的潜力。照这样下去,一年之后,你的作文会让老师和同学刮目相看。

　　松：妈妈说我说话比以前连贯多了。

　　于：过一段时间，我请你读一篇你没见过的文章。如果能读得正确、流利，你的表达会更流畅。

　　松：怕读不好。

　　于：一个月后咱们试试，我对你很有信心！

　　于：你说卞强朗读水平高，别人难以望其项背？不对！你好好练，准能超过他！

　　魏：不可能！他朗读《泰山压顶不弯腰》太有气势了。

　　于：你如果像他那样用功，超过他的可能性很大。下午放学后，你到我办公室去，我教你朗读明天要学的课文。

　　于：听说小强是咱们班踢毽子的高手，能连续踢 50 多个。

　　强：还多。

　　于：小震呢？

　　震：我不行，只能踢三五个。

　　师：你拜小强为师，什么时候能踢到 10 个以上了，请告诉我，我让全班同学来欣赏。

　　但，这种"暗含期待"式的谈话，我都是采取个别谈话的形式。这种谈话的关键词是："你能行"、"我相信你"、"你的潜能很大"。

　　相信和期待，也是表达对学生关爱的一种方式。

七

　　学生对我在学习上的帮助也会铭记于心。这是 1979 年跟我读六年级的胡应武的一篇考场作文。卷子上的要求是：写一位老师的一件事，题目自拟。

指　点

一天下午，我们写作文，题目是《抢运玉米秸》。于老师见我坐在位子上发愣，便走过来，低声问："写不下去了，是不是？"

我点了点头。

"《抢运玉米秸》这篇作文要抓住主题，你看前面两个字'抢运'和我们语文课本第十三课《飞夺泸定桥》中的'飞夺'二字有没有相同之处呢？"于老师又启发式地问。

我想了想，说："都突出了个'快'字。"

"这就对了，"于老师接着说，"你再看看十三课是怎样围绕中心选择材料的，它用了什么方法写的？"

"噢！原来是这样！"我看了看十三课的课题，又看了看黑板上的作文题，恍然大悟。

于老师满意地笑了，躲在眼镜后面的眼睛眯成了一条线，嘴边的胡茬子也动了。他侧着身子站在我的旁边看着。我便仿照十三课的写作方法，动手写这篇作文。

我们做作业的时候，于老师总是在教室里不停地走着，随时帮助遇到困难的同学。他常说的一句话是："谁有困难请举手示意，我会走到你跟前。"

这样的"帮助"真是"举手之劳"（确切地说是"动嘴"之劳），没想到学生却念念不忘。

八

还有众多被我授予"大王"称号的学生，恐怕对我也难以忘怀。

我班有各种各样的"大王"，但只是个称号，他们没有"山头"。如"故事大王"、"作文大王"、"读书大王"、"书法大王"、"数学大王"、"跳远大王"、"跳高大王"，还有"热心大王"，等等。多数是根据条件评选的，也有个别的是我"封"的，如"热心大王"、"动脑筋大王"。凡评上的，都有奖状和奖品，奖品是我买的书。每本书都有我的题词和签名，并盖有我的印章，以示郑重。

我国最高科技奖获得者、"当代毕昇"王选在他的一次演讲里说："当我获奖时，我再一次想起了小学五年级的时候，我获得了一个品德优秀生奖，那是我一生中第一次获奖，也是我永生难忘的一个奖励。我由此懂得，团队精神和人品在人生当中的重要性：要想做好学问，先要做好人。"

我也不会忘记我上小学四年级时，张敬斋老师因为我期末考试成绩好而亲自为我画的一张奖状。我深知奖状的巨大的激励作用。现在，我的学生都是成年人了。当他们翻出当年我颁发给他们的这些"大王"奖状时，只会感慨万千，而不会视我设这些奖项为浅薄，更不会视儿时为获得这些奖励所进行的努力为幼稚。

九

为学生起外号——实则是昵称——也是我惯用的向学生传递"喜欢"信息的方法。胡文涛因为身手不凡，他的"侧手翻"、"旋子"动作特别轻盈、敏捷，又因姓胡，所以我称他为"大圣"。只要我说一声"请大圣露一手！"，他马上就会来几个"侧手翻"或打几个"旋子"，常常赢得大家的喝彩。受他的影响，许多男生跟着他练"倒立"、"侧手翻"。

一天，一位名叫郭文胜的学生来看我。多年未见，一落座，他就问我："于老师，你还记得我的另一个名字吗？"我说："记得，记得，不是叫'郭稳胜'吗？"说罢，师生哈哈大笑。

40年前，郭文胜跟我读的五年级和六年级。他虽然聪明，但缺乏毅力，学习成绩一般。到了六年级，语文学习进步很快，作文水平也提高了许多，而且比较稳定。一次，我评讲作文时，对全班学生说："郭文胜的语文学习成绩越来越好，而且稳定，我宣布：从今天开始，郭文胜改名郭稳胜。"说完，将"稳胜"二字写在黑板上。

一次考试前，文胜问我题目难不难。我说："不难。你呀，稳操胜券！"他果然考得不错。从此，大家就叫他"稳胜"了。

我也给女生起外号，但少，而且要雅。耿臻长得像演李铁梅的刘长瑜，有时我叫她"铁梅"；杨筱玲跳"山羊"身轻如燕，我便叫她"燕子"。这些"爱称"，拉近了我与学生的距离。

十

我善于从家长和学生口中了解学生在家中的表现和其他信息。这些信息对我来说，都是宝贵的教育资源。

于：丛翔，今天早餐吃的什么？吃了多少？

丛：喝了一杯牛奶。——于老师，是不是我妈妈又向您告状了，说我不把吃饭当回事？

于：只听说过老师向家长告状的，还没听说过家长向老师告状的。——一杯奶怎么能撑一个上午？课间活动时到办公室去一趟。放心，这次不是请你吃饼干。

丛：谢谢！

于：我要你回答"是"，而不是"谢"。

丛：是！

于：小军，听说你爸爸腿伤得厉害，住院了。

军：是的，这两天伤势好多了。

于：明天（星期天）的作业你可以免做，到医院陪陪你爸爸，并代问他好，祝他早日康复。

军：谢谢于老师！

这样的谈话，学生会收获另一种感动、另一种关注。

十一

山东省聊城市弟子孙殿镔曾向我讲过这样一件事。他很喜欢二大娘，对三大娘的感情却不如对二大娘深。但是他父母对三大娘一家感恩戴德，念念不忘。因为在他们家经济拮据、生活困难的时候，三大娘一家屡屡接济他们。两家大人之间，感情甚笃。但这些，对小孩子的殿镔来说，却感受不到。让他感受到的倒是二大娘的爱，这让他从小到大喜欢二大娘。原来，在他很小的时候，二大娘就疼爱他，经常把些好吃的东西留给他，比如糖果、点心之类。对农村的孩子来说，这可是最美味的食品了。

殿镔风趣地说："是二大娘的糖块打败了三大娘的'好'！"

亲近是有技巧的。北京公安大学的李玫瑾教授说："对未成年人的心理，关爱是有阶段性特点的。小时候谁亲近他，经常让他感到温暖和舒畅，他就会一生感觉美好，就会喜欢他。"

殿镔的三大娘的"好"——经济上的帮助，是大人所理解和感念的，二大娘的"好"——糖块和点心，则是适合儿童心理特点的，因而能被小孩子所接受，对殿镔的影响显著而久远。

说到糖，不由得想起伟大的教育家陶行知的一个动人的故事。

一天，陶行知看到一个男生用砖头砸另一男生，十分危险，便将其制止，并叫他下午三点到校长办公室。

没到三点，该生就到了校长室门口等候。恐惧和羞愧，一起围困着他。陶校长远远地看到了这个男生，旋即去小卖部买了一包糖果。

陶行知准时来到了办公室。他笑着掏出一颗糖，对小男孩说："这颗糖是给你的。因为你很守信，还提前到。"小男孩还没明白过来是怎么一回事，陶校长又掏出一颗糖，说："这也是给你的，我让你住手，你就立即住手，说明你很尊重校长。尊重别人是很重要的品质啊！"

这两颗糖把小男孩的恐惧和羞愧都驱散了。

陶行知又说："经了解，你拿砖头砸同学，是因为那位男生欺负女生，说明你很有正义感，再奖励你一颗！"

这个男孩连声说："校长，我错了，我错了，同学再不对，我也不能采取这种方式。"

这才是陶校长最想听到的！他心花怒放，又掏出一颗糖："你知错认错，实在难得，不得不再奖励你一颗。我的糖发完了，我们的谈话也就结束了，请回去吧。"

这是一个充满爱意、理性和智慧的美丽动人的故事。在这个故事中，如果少了这四颗糖，一定会失去一半的美，自然也不会有这么震撼人心灵的教育力量。

可见，我们当老师的，不能只口头上讲着"亲近儿童的道理"去亲近儿童，我们手里必须拿着能"引起亲近"的"糖块"，让儿童真切地感到老师的亲近，感受到老师对他们的喜欢。"糖"，会永远留在学生的记忆中，正如我读小学四年级时张老师亲自为我画的奖状，会永远留在我心中一样。

正因为如此，我表达对学生的喜欢，不只是用表情、动作和语言，还有铅笔、橡皮、小刀、作业本和书籍等。我奖给学生最多的是书。

后来，食品制造商发明了棒棒糖。在一次学校运动会上，我真买了一袋棒棒糖，奖给为班级争光的获奖运动员。其中意味自不必说。学生得到了棒棒糖，似乎比得到奖杯更高兴。

十二

切不要以为我上面所讲的只是些方法、技巧。教育没有纯方法、技巧的东西。方法、技巧的背后有一个"情"字在做支撑。即便是对不喜欢的学生，一旦这样做了，也不会是冷冰冰的。夏丏尊说得好："教育上的水是什么？就是情，就是爱。教育没有了情爱，就成了无水的池。任你四方也罢，圆形也罢，总逃不出一个空虚。"

我从教整整半个世纪了，很想找一些"大"事来写，但没找到——其实是没有。到目前为止，既无奋不顾身下水救人的事迹，也没有在千钧一发之际力挽狂澜的壮举，有的只是一些平平凡凡的小事。可以说，我的一生是由这样的无数像土砖一样的小事筑成的。但是，就是这么一堆近乎琐碎的"喜欢学生的行为"，却赢得了学生的尊重与喜爱。

诚如朱永新教授所说："教育的神圣寓于教育的平凡之中。把教育看得过分神圣，会忽视它的平凡，远离它的真实。把教育看得过分平凡，又会忘记它的神圣，丢弃它的使命。我们每一天都在神圣与平凡之间行走，应该认识教育的这种特性。"（朱永新《致教师》）

行文至此，我想起了一桩小事。

20世纪70年代初的一天晚上，学生魏亚军的母亲带着亚军来到我家，说亚军要转到河北保定读书。我问转学原因，她只是说有个亲戚要他去的。我看"衡阳雁去无留意"，就答应了。临走，我抚摸着亚军的头，留下了一句话："如果亚军在保定不习惯，可以回来，座位我给他留着。"没想到，不到两个月，亚军果真回来了。我握着他的手："好想你呀，机灵鬼！"他对他母亲说："还是于老师好，还是徐州市大马路小学好！"

这使我感到欣慰。什么都是相比较而存在的，没有比较，就没有优劣。

"喜欢"是相互的。老师喜欢学生，学生会加倍地喜欢老师。

每接一个班，总有我不喜欢的学生。但我会尊重他，不会冷落他，漠视他。

第三章

是师非师，是课非课

> 齐白石作画，求的是"在似与非似之间"。不似，画牛像马，画樱桃像苹果，叫欺世；全似，画人把每根头发都描出来，就不叫艺术。
>
> 如同白石老人作画，我的为师之道，也在"似与非似之间"，即是师非师，是课非课。

一

总体而言，我们的老师太像老师——背着手，绷着脸，不苟言笑，开口则"应当如何如何"，闭口则"不准这样那样"。老师总以长者、教者自居，总是"隔着讲桌和学生讲话"（苏霍姆林斯基语）。无形中，师生间总有一层隔阂。

我们的学生太像学生——循规蹈矩，整齐划一，真是"站有站相"、"坐有坐相"。20世纪80年代，有一外国同行到南京参观了几所小学，说："你们的学校很像军事院校！"这话虽然不是讽刺，但也不是肯定——至少不是全部肯定。

我们上课太像上课——学生正襟危坐，专心听讲；老师表情肃然，大讲特讲……

什么原因使然？是相沿成习？

是的。千百年来，中国人一直信奉"天地君亲师"这句话，把师生关系定格为"长辈"与"晚辈"的关系。至今，有些老师还喜欢称学生为"孩子"就是一个证明。其实，师生之间是"同学"关系，是朋友关系，是平等的。低年级的学生我称其为"小朋友"，言外之意，我就是他们的大朋友。中高年级的学生我则称呼为"同学"——我们是一起学习的。一口一个"孩子"地叫，学生能觉得亲切？别人会认为我们爱学生？关系错位的本身，就会让学生产生距离感。

既然师生关系是平等的，我们就不妨放下架子，不以长者自居，不居高临下俯视学生，而应该蹲下来看学生，在教学中实现"平等对话"。

还有，我们要理解学生。第一，好动、好问、好说是儿童的天性；第二，学生千差万别，参差不齐。坚信，只有差别，没有差生！要尊重差异。

有了以上认识，才会有好的心态，才会放松心情，遇到不顺心的事，才能赢得"整理心情"的时间。

二

我对自己"约法三章"：

——不倒背手。手背在后面，在教室里来回走动，就有了长者的架子；有了架子，学生就不大好接近，或者不愿接近。

——主动和学生打招呼，无论在校内还是在校外。不要等学生向我们敬礼了，才搭理他们。我更不漠视学生的敬礼，总是还以微笑，还以点头，还以"你好"。

——课间尽可能和学生一起玩，或者看他们玩，或者与学生交谈。

——和学生一起演课本剧，演歇后语故事；和学生一起分角色朗读课文。

——尽量到学生家里走走，不一定有事。客气归客气，学生或家长端来茶水或水果招待，一定品一品，尝一尝，并夸夸茶和水果的味道。这样做，会收到意想不到的融洽感、亲切感。学生和家长不仅把我当作老师，而且会当作朋友。

——经常讲故事和笑话。故事和笑话，会化解矛盾，消除隔膜。好多不愉快的事（包括疲劳），会"一笑了之"。

——幽默。幽默的确是老师的"第一位助手"。

——努力让微笑成为自己的名片。

——平时说话，态度力求和蔼，语气力求亲切。学生不在乎你说什么，而在乎老师说话的表情和语气。同样是说"请坐"，表情和语气不一样的话，那么表达的意思也不一样。

——做值日。我当班主任时，开学的第一天，我就宣布：我是班级的一员，每周一，我和那天值日的同学一起为班级服务。于是，周一我会来得早一点，和值日生一起整理教室；放晚学后，会和值日生一起扫除，关门窗。

——一旦做错了事，公开承认错误，不文过饰非，不推诿责任。

——定期征求学生的意见和建议。当面不好说，便采用书面形式。每学期至少给我写一次信。信中可以提意见，提建议。我宣布：老师不怕批评，说错了也不生气。既然师生间是平等的、民主的，那就得有个民主的样子，有民主的行动。

以上所说的几个方面，有两点我会时时注意而且毫不费力做到的，即"微笑"和"亲切"。微笑是指表情，亲切是指说话的语气。笑着、语气亲切地和学生说话（包括讲课），学生对老师就会产生亲切感，老师讲的内容就容易入学生的心。有了这两点，再加上老师的言行一致，学生就会把我既当作老师，又当作朋友，在我面前就会畅所欲言、无话不谈，甚至于敢于"面谏"，敢于和我开玩笑。

有一回，我带学生去游泳池游泳，有三位男生竟突然向我发动"进攻"——一起朝我泼水。我奋力还击，但终因腹背受敌，只好落荒而逃。有三五个男生见状，大叫一声："你们三人休得无礼！"边说边向那三个人游去。我趁机游到岸边，坐山观虎斗。

一年秋天，我带学生到徐州郊区小陈庄"学农"。小陈庄只有十八九户人家。和以往一样，我们放下行李，就像当年的解放军一样，为每家每户挑水。我们正干得起劲，班长对我说："于老师，不好了，王建的头摔破了！"我放下水桶，便向住处走去。可是并不见王建的踪影。原来学生怕我累着，故意撒谎，来了个"调虎离山"计，把我诓走，趁机把我的水桶"抢"走了。

在活动中，在课间，在学生的眼里，我只有一个身份——大朋友。

总之，我要求自己走下讲坛，走到学生中间去，和学生打成一片，与学生平等相处。

三

说到上课，我们真的要改变"先生讲，学生听"的局面，努力践行昭示着尊重、平等、民主的"对话教学"理念。在这方面，外国的同行做得确实比我们好。下面的例子我牢记不忘，它不知胜过多少大道理！

一位美国生物老师在生物课上讲"蚯蚓"。讲着讲着，一位小学生站了起来——

生：请问老师，蚯蚓什么味道？

师：抱歉，我没有尝过。

生：我可以尝尝吗？

师：当然可以！

生：我尝过了，您加分吗？

师：当然加分！

这位学生果真去"品尝"了蚯蚓，然后向老师和同学讲蚯蚓的味道！而且，据说这位学生后来成了一名生物学家。（这位老师培养了好几位生物学家）

如果我的学生提出了这样一个问题，我会怎样回答？

再者说，我的学生会提出这样的问题吗？

一位日本老师这样教"千克"：

他发给每个小朋友一个塑料袋，到操场的沙坑里装一千克沙子。——你觉得一千克多重，就装多少。然后他逐一过秤。可想而知，没有人能装得准的。这时，老师把一千克的沙袋拿给学生看，并让他们一一掂量，尔后重新到沙坑里装。这次学生们"估量"得八九不离十了，有的居然装得正好！老师一堂课，就是忙着"过秤"，一边称着，一边夸赞着，或者惋惜着。

我女儿是教小学英语的。她从澳大利亚考察回来后，讲了这样一个课例。

上课了，一位年轻的女老师，着一身黑色的"海盗服"，一只眼睛戴着黑眼罩，手里拿着一把刀——纸做的，张牙舞爪地走进教室，大讲海盗的故事——那天，她执教的是《海盗的故事》这篇课文。

这哪里是老师，简直是一名"江洋大盗"！但她讲得绘声绘色，学生听得如痴如醉，并不时发出笑声。

别说女老师，我们男同胞敢这样做吗？

◎2006年秋，在江苏兴化执教"歇后语编故事"，课上，我和学生一起演"老母鸡给黄鼠狼拜年——自投罗网"

我在徐州市中山外国语实验小学听一位外籍教师上课，这是一位年过六旬的来自美国的女教师。

那天正值西方的圣诞节。她一进门，便向小朋友打招呼，祝圣诞节快乐，边说边从提包里取出巧克力分发给每一位小朋友，听课的老师也有一份。师生边吃边对话，气氛十分融洽。有的小朋友说话声音小，她从不说"请大声讲"，而是走到学生跟前，蹲下身子，侧耳倾听。她时而大笑，高兴得像个孩子；时而双眉紧蹙，双手一摊，说声："是吗?"或者："不!"
她真的不像老师，而像李吉林老师说的"是一位长大了的儿童"。

这样的课例不胜枚举。

且不说这些课折射出来的理性光辉是什么，单就这些老师的率真、纯
真，以及近乎孩子般的天真，就让我感动，让我深思，并从中窥见了自己
的不足与问题。

英国一位同行的故事，更发人深省。

这位英国老师调任一个差班的班主任，这些孩子都很调皮，爱捣蛋。
老师第一堂课就跟他们玩，玩得天昏地暗。下课了，老师对他们说："孩子
们，你们要是把学习成绩搞上去，我就去吻校外牧场里的一头猪。"这些调
皮的孩子问："老师，这是真的吗?"老师说："而且我要吻的是一头你们认
为最大的母猪。"孩子们都希望老师去吻一头猪。从那天起，他们的课堂纪
律变好了，学习积极性变高了。即使有贪玩的，别的孩子也会提醒："难道
你不希望看到老师去吻那头肥猪吗?"半年后，孩子们的学习成绩有了很大
的进步。圣诞节的前夜，孩子们对老师说："老师，你可以去吻那头猪了
吗?"老师说："当然可以。"于是，老师带着这群孩子穿过公路，来到牧
场。孩子们在猪圈里找到了一只特大特肥的猪。老师走近那头肥猪，轻轻
地吻了它。孩子们在猪圈外笑得前仰后合。

这个异域故事，在一些老师听来可能觉得荒唐可笑，可能还不以为
然——作为一名教师去亲吻一头猪，成何体统!我们一些老师之所以不能
一下子接受它，除了风俗民情中外有别之外，可能更多的还是由于我们执着
固守的教育理念。因为我们自有一套教师观。自古以来，教师的地位虽然
不高，却特别讲究尊严；收入不丰，却特别崇尚斯文。教师的举手投足总
带着"人师"的味儿，半点也苟且不得。庄重圣严，凛然可畏，仿佛就是
教师永恒的标准形象。久而久之，我们似乎就有了一个放不下的"架子"。
大概也正因如此，教师就端居圣坛之上，学生就匍匐在讲台之下。于是乎，
我们的教育就没有了民主、平等，失去了亲近、自由，缺少了和谐、欢愉。

这些故事，如涓涓清泉流过我的心灵。我的心静了，净了。

于是，我对自己说：

少些理性，多些情趣吧！

少些严肃，多些活泼吧！

少些包办，多些自主吧！

少些限制，多些引导吧！

放下架子，走下讲坛，把自己置于和学生平等的地位吧！

这样想了，于是我在发生变化，我的课也在发生着变化。

四

下面是执教《翠鸟》的一个教学片段。在这里，我摇身变为世界绿色和平组织的一个成员。

师：同学们，有一位从外国来的世界绿色和平组织成员，想来采访翠鸟。你们学了这篇课文，对翠鸟的情况十分了解，想不想当翠鸟，接受我这位朋友的采访？

生：（齐声）想！

师：这位绿色和平组织的成员不是别人，就是我！（师一本正经地整整衣冠，扶扶眼镜，轻咳一声）翠鸟朋友，你们好！我是世界绿色和平组织的成员，是你们的好朋友。这是我的证件。（说着从上衣口袋里摸出一个"证件"，亮了一下——其实是一张名片）我想采访你们，愿意接受我的采访吗？

生：（齐）愿意！

师：你们的声音怎么这么好听？天天练嗓子吗？

生：我们天生的鸣声清脆！（笑声；"鸣声清脆"是课文中的话）

师：这样的嗓子唱起歌来一定动听。你们愿意唱一支歌给我听听吗？哪位翠鸟愿唱？

（一位女生唱了一支《春天在哪里》）

师：歌声真清脆，真优美！听说你们捕鱼的本领很高，外号叫什么"叼鱼郎"？（故意把"郎"字说得很死，语调有点凶）

生：我们不是狼！（笑声）

师：是新郎的郎，不是大灰狼的狼。（说完板书"叼鱼郎"；学生喜形于色）能说说你们是怎么叼鱼的吗？

生：平时，我们站在苇秆上一动不动。

师：为什么不动？

生：怕惊动小鱼呀！小鱼一出现，我们就蹬开苇秆，箭一般地飞过去，叼起小鱼就飞走了。（这都是书上的话）

师：你的眼睛视力这么好！是3.0的吧？（笑声）

生：我们的眼睛很锐利。（也是书上的话）

师：你们一定要好好保护视力，不然就看不见鱼了。你们动作很快，从哪儿能看出来？有什么能证明你们动作神速？

生：书上写了，我们已经飞远了，那苇秆还在摇晃，水波还在荡漾……

师：哪儿写的？读给我听听？

（生齐读课文第三自然段）

师：果然神速！真是名不虚传，是名副其实的叼鱼郎！——我能到你们家里做客吗？

生：你去不了。我们的家在悬崖峭壁的洞里，洞口很小，里面很深，人进不去。（笑声；这也是书上的话）

师：你们真会找地方，那里多安全呀！那我就不去了。你们翠鸟对我们人类有什么要求吗？

生：请人类爱护我们鸟类，我们是大自然中的一员，是你们的好朋友。

师：你们吃鱼，我们鱼塘里养的鱼不遭殃了？（笑声）

生：我们吃的是河里的小鱼。

师：不吃鱼塘里养的？（笑声）

生：我们的个子小，吃得不多，而且只吃小鱼。（生大笑）

师：看来鱼塘里的小鱼你们也吃。不过，吃了也不要紧，大自然少不了你们。还有什么要求吗？

生：请人类保护河流，不要向河里排污水。现在有许多河流被污染了，鱼虾死光了，我们常常挨饿。（笑声）

师：是的！为了所有动物，也为了人类自己，我们要保护水资源。你们到过太湖吧？太湖正在治理污染。现在太湖的小鱼是不是好吃多了？没大有怪味了吧？（笑声；因为这一节是在太湖边的湖州上的，所以于老师才这样问）

生：好吃多了！（大笑）

师：我打算回去专门写一篇介绍你们的文章，让人类认识你们，了解你们，保护你们。

生：谢谢！

师：不知有没有专门介绍你们的文章？

生：（高兴地）有！给！（说完把课文递了过去）

师：（看了一会儿）哎唷，是汉字吗？可惜我只能听懂汉语，认不得方块字。你们读读我听听，如果写得好，我回去找人翻译成英文、法文、德文、俄文，登在世界各大报纸上。

生：也可以上网。（大笑）

师：好！登报、上网，宣传宣传你们，让更多的人了解你们，保护你们。谁来读？

（请三名学生读全文）

师：这篇文章写得还真不错！那我就带走了！谢谢各位翠鸟接受我的采访！翠鸟朋友们，拜拜！

（掌声）

再请看我执教《狐狸和乌鸦》的一个教学片段。我和小朋友一起表演这个故事，在故事里，我扮演狐狸。

（我和扮演乌鸦的小朋友耳语一番，然后"乌鸦"站到椅子上，嘴里衔着一个纸团。椅子当作"树"，纸团当作"肉"。"狐狸"从"树"下面钻了出来！）

狐：（伸了个懒腰）今天天气真好！（转身朝"树"上一看）咦，乌鸦嘴里叼着一块肉！这块肉好肥呀！我得把它骗到手。怎么办呢？有了，我要千方百计让它说话，它只要一张嘴，肉就掉下来了。（抬头朝"树"上的"乌鸦"）喂，亲爱的乌鸦，你好啊！

（"乌鸦"一动不动，不理"狐狸"）

狐：（来回踱步）不理我？对，乌鸦最疼爱它的宝宝，我一问它的宝宝，肯定会说话！（抬头朝"乌鸦"）喂，亲爱的乌鸦，你的孩子好吗？

（"乌鸦"果然转脸，刚要说话，又急忙把脸转了回去）

狐：我知道乌鸦喜欢奉承，喜欢别人说它的好话。有主意啦！（抬头朝"乌鸦"）喂，亲爱的乌鸦，您的羽毛真漂亮，麻雀比起您来，可就差多了！您的嗓子真好，谁都爱听您唱歌！您就唱一句吧！

（乌鸦越听越高兴，情不自禁地张开大嘴，"哇——""肉"一下子掉了下来，"狐狸"叼起"肉"向远处跑去。此时，一男生站起来，大声对"狐狸"说："你跑错地方了！应当钻到椅子下面去！""狐狸"问："为什么？"男生说："因为你的家在树洞里！"全班学生哈哈大笑。"狐狸"说："我光顾高兴，忘记家在哪里了。"学生又笑）

我执教的《草》，受到了专家和老师们的好评，最后一个教学环节，好多老师耳熟能详。

师：小朋友，放学回家谁愿意背给妈妈听？（学生纷纷举手，请一名小朋友到讲台前）现在，我当你妈妈，你背给我听听好吗？想想，到了家里该怎么说。

生：妈妈，我今天学了一首古诗，背给你听听好吗？

师：好！（生背）

师：我女儿真能，老师刚教完就会背了。（众笑）

师：谁愿意回家背给哥哥听？（指一名学生到前边来）现在我当你哥哥，你该怎么说？

生：哥哥，今天我学了一首古诗，我背给你听听好吗？

师：哪一首？

生：《草》。

师：噢。这首诗我也学过，它是唐朝大诗人李白写的。

生：哥哥，你记错了，是白居易写的！

师：反正都有个"白"字！（众笑）我先背给你听听："离离原上草，一岁——"

生：一岁一枯荣！

师：野火烧不尽，春——春——哎，最后一句是什么来着？

生：春风吹又生！

师：还是弟弟的记性好！（众笑）

师：谁愿意背给奶奶听？（指一名学生到前边来）现在，我当你奶奶。你奶奶没有文化，耳朵有点聋，请你注意。

生：奶奶，我背首古诗给你听听好吗？

师：好！背什么古诗？什么时候学的？

生：背《草》，今天上午刚学的。

师：那么多的花不写，干吗写草啊？

生：（一愣）嗯，因为……因为草很顽强，野火把它的叶子烧光了，可第二年又长出了新芽。

师：噢，我明白了。背吧！

（生背）

师："离离原上草"是什么意思？我怎么听不懂？

生：这句诗是说，草原上的草长得很茂盛。

师：还有什么"一岁一窟窿"？（众笑）

生：不是"一岁一窟窿"，是"一岁一枯荣"。枯，就是干枯；荣，就是茂盛。春天和夏天，草长得很茂盛，到了冬天，就干枯了。

师：后面两句我听懂了。你看俺孙女多有能耐！小小年纪就会背古诗！奶奶像你这么大的时候，哪有钱上学啊！（众大笑）

这里选的只是我上课的三个片段。大量的鲜活的东西存在于日常的课堂上，只能挂一漏万了。管中窥豹尽管只列举了三个片段，读者已经可以从中看出课堂上的我了。

"不要太像上课"，说的是老师在课堂上要少些包办、限制和理性，多些自主、引导和情趣。师生不妨都放松一下，乃至于"放任"一下，让课堂教学生活化、游戏化。限制太多，要求太严，学生在课堂上势必缺乏安全感、轻松感，学生的思维势必凝固。在课堂上，我力求做到语言生活化、口语化，让表达浅显而生动。教学设计力求新颖，并不断变化形式，但万变不离其宗。这个"宗"，就是语文，就是听、说、读、写。

构建"儿童的语文课堂"，考验的也是老师的修养与智慧。这里面，也是有个"度"的问题。无论如何，不要忘记，我们是在教儿童学语文。"儿童的语文"要求我们不要太像老师，不要太像上课。

五

说到这儿，我再把我说的意思归纳一下。

不要"太像老师"。那么，"不太像老师"的一面像谁？像儿童呀！我们应具有儿童的天真、稚气、善良、活泼、好奇，乃至于"调皮"，甚至有时候装作"什么都不知道"。一句话，我们身上要有点儿孩子气。

我为什么不能和学生开玩笑？在学生面前，我为什么要满脸肃然？为什么不能和学生一起做游戏、演课本剧？在剧中我演狐狸，学生绝不会认为我真的就是狐狸，相反，他们更会把我当作老师——一个他们喜欢的老师。

不要"太像上课"。那么，"不太像上课"的一面像什么？像游戏呀！儿童的课堂应该是游戏化的、活动化的、情趣化的课堂，要动静结合。我始终没有忘记，我是在给儿童上课，是引领儿童学语文，我采取的教学方式力求和学生的生活方式相似。实践证明，二者一旦相似，就会产生良好的教学效果。儿童的生活方式，可以用一个词来概括——"游戏"。"开火车"是最简单不过的游戏方式了，学生却乐此不疲，百"开"不厌。所以，我努力让学生在"玩"中学，在"动"中学，在"快乐、轻松"中学。当然，随着年级的提高，"静"的成分要逐步加大。

只要老师有了好的心境，接纳学生，身心愉悦，表情就会丰富而自然，教学语言就会流畅而生动。这些，比教学形式更重要。只要不断修炼自身，班级具有基本的教学秩序，做到这一点并不难。因为我年轻时，也并不出色，"渐入佳境"是过了"不惑之年"之后。任何进步都是有过程的。心境好了，教学中往往会"生成"连我都意想不到的精彩。

执教《翠鸟》一课的采访，教案里只安排"采访"，采访完了，课就结束了。由于学生积极性被充分调动起来，我心境更佳，于是"心血来潮"，来了个"节外生枝"——"我想写篇文章报道你们，不知有没有人写你们？""有哇！"于是教学又回到了原文——让学生再次把课文读了一遍。老师们都说这个"节外生枝"好，这就把"读"贯穿始终了。

有一次，我上作文课，一进教室门，发现黑板没擦。我拿起黑板擦，边擦边说："也许上一节课老师拖堂，下课晚了，值日生没来得及擦。"话音未落，一位值日生一个箭步跑到黑板前，拿起另一个黑板擦帮我擦。我说："我擦上边的，你擦下边的，骆驼与羊，咱俩是擦黑板的最佳搭档。"

学生大笑不已！

于是，我改变了原教学计划，让学生把这件事写下来，学习刻画人物动作和语言。

教学效果极好。

倘若我一见黑板没擦，把值日生批评一通，上述一切就不会有了。

类似的例子很多。

"是师非师"、"是课非课"中的"是"与"非"，是一个事物的两个方面。二者要处理得当，做到恰到好处。努力到一定程度，二者会融为一体，在教学中会"自然流露"。

真的不要太像老师，不要太像上课。

太像那么回事，就不是那么回事了。

第四章

童心不泯

教了五十多年的书，最终把自己教成了孩子。

岁月的刻刀可以在我脸上刻上深深的、密密的皱纹，却刻不到我的心上。

一

老师们没想到，我在与学生分角色朗读《爱如茉莉》中母女对话时，会扮演"女儿"。是呀，一个年逾七旬的老头儿，怎么会充当这个角色呢？但这是真的。课文的1—4自然段是这样写的：

> 那是一个飘浮着橘黄色光影的美丽黄昏。我忽然对在一旁修剪茉莉花枝的母亲问道："妈妈，你爱爸爸吗？"
>
> 妈妈先是一愣，继而微红了脸，嗔怪道："死丫头，问些什么莫名其妙的问题呀！"
>
> 我见从妈妈口中掏不出什么秘密，便改变了问话的方式："妈，那你说真爱像什么？"
>
> 妈妈寻思了一会儿，随手指着那株平淡无奇的茉莉花，说："就像茉莉吧。"

为了让学生走进母女二人的内心，理解母亲的"一愣"、"微红了脸"的内涵，以及"嗔怪"的意思，理解女儿的那种想问又难以启齿的复杂心理，我和学生进行了近乎表演式的分角色朗读。

但学生毕竟年龄小，还不能完全体会出这些复杂的感情。因此，我先后扮演了两种角色——女儿和妈妈。可是，我演"妈妈"时，没太引起学生的关注，似乎作为大人的我，理所当然地该演好这个角色。令听课老师和学生没料到的是，我演"女儿"竟会"如此惟妙惟肖"（听课老师语），说我"通过表情、语气、动作"把女儿的"羞涩、天真"，表现得"淋漓尽致"。

在一节中年级的习作课上，我和学生表演小品《傻小猴》。在小品中，我演"小猴"，学生演"猴妈妈"。我抓耳挠腮、东张西望地一出场，就赢得了一片爆笑。

男演女，大人演小孩，这种表演者与所饰角色之间的巨大反差，往往会产生一种强烈的视觉冲击，收到特殊的艺术效果。一位外国艺术评论家在香港看了京剧表演艺术家宋长荣（男旦）演的红娘，惊呼："世界上最美的艺术是男人装女人！"并以此为题，写了一篇文章，发表在《大公报》上。这话不是一点道理没有的。

这样的课结束后，学生会围着我转，说我是他们的"大朋友"；老师们则说我是个"老顽童"，也有说我"没长大"的。

这不是贬义词。小学老师最好"没长大"。"没长大"就是"童心不泯"。

◎童心不泯（2005 年摄于湛江海滨）

二

童心不泯的标志之一是始终保留孩子般的好奇心。

一天做早操时，我在二楼的走廊上和校长谈话，没随班做操。谈话间，猛然间发现全校的早操竟做得这么好——不但纵横成行，斜看也成行，动作整齐，蔚为壮观！我对校长说："明天做早操时，我能不能让我班学生到这里来观看一下，感受一下？跳出庐山看庐山，才能看清庐山真面目！"

校长笑了，问："是不是又发现写作素材了？"

我说："美是需要发现并去感受的。"

我的山东省济阳县弟子王秋莹执教《富饶的西沙群岛》，搜集了大量珊瑚图片。如此多的形态各异、色彩斑斓的珊瑚，我见所未见、闻所未闻，真可以用"叹为观止"来形容。职业的敏感让我想到，这是写作的好素材。于是，我请秋莹分门别类整理一下，把树珊瑚、花珊瑚、水果珊瑚、蔬菜珊瑚、蘑菇珊瑚、手指珊瑚、鹿角珊瑚等归归类。习作课上，我通过多媒体展示给学生看，每出现一种，就引起学生一片惊呼。浏览一遍后，再让学生从头看一遍，边看边启发学生想象，为珊瑚"命名"。这个环节引起了学生的极大兴趣。接着以《珊瑚》为题写一篇作文，教学效果非常好。

我本人是个"军事迷"，对飞机、坦克等极感兴趣。一天，我在网上看到了"超7"战机的图片和介绍，于是把学生带进电脑室，上网了解各国的先进战斗机。学生兴致高涨，浏览后纷纷写了他们喜欢的战斗机。有一位女生在她的文章最后写道："我是个女孩子，对战斗机从来不感兴趣。没想到上网一看，世界各国都投入了极大的人力、物力、财力研制战斗机。世界需要和平。我希望各国的战斗机下岗！"

我读了之后，深深地被她的善良的童心所感动。我想，她这篇作文，如果送到联合国参评，准能获一等奖。

一年秋天，我带学生到云龙公园看菊展，忽然看见一盆叫"玉佛座"的菊花，花冠硕大。睡莲似的花瓣，洁白纯净，如玉雕一般。我大呼一声："快来看，这盆菊花堪称菊花之王！"

学生呼啦一下围聚过来，欣赏着，品评着，花名"玉佛座"引起了大家的丰富想象。

我带领学生到大自然中去，总能让他们发现以前所没有发现的东西。

我把"六月雪"、"兔耳兰"、"瓜叶菊"等花卉搬到教室里让学生观赏，感受它们不同的美，领略它们不同的风韵。

我会经常把在报刊上读到的让我感动的事读给学生听，或推荐给他们看，会把我遇到的新鲜事讲给学生听。

没有好奇心，就发现不了生活中、大自然中的美，自然也就感受不到美的价值所在。人的良好的情感，是在感受美的过程中不断产生并丰富起来的。

好奇心让我比别人多了一些美的发现，因而也就比别人拥有了更多的教育教学资源。

罗丹说："美是到处都有的。对于我们的眼睛来说，缺少的不是美，而是缺少发现。"为什么会"缺少发现"呢？我想，好奇心的缺失是一个重要原因。试想，没了好奇心，对什么事都无动于衷，还能发现什么呢？

三

童心不泯的标志之二，就是"孩子气"。"孩子气"是童心的一种外现。
我在《教海漫记》里记下了许多充满孩子气的事——

又是一个秋高气爽的季节。市郊的一个山脚下，炊烟袅袅。我带领学生们正在这里野餐。

津津有味地饱餐一顿之后，几个学生和我一起在山坡上散步。忽然一只大蚂蚱从我脚下飞起。我瞅准了它落的地点，急步追去。这家伙机灵得很，还没等我走近它，嗖地又飞起。于是又追，几个学生也来围歼。

我发出命令："你们别追！你们的任务是搜索、跟踪目标。请立即把你们的'雷达'——眼睛打开！"

学生们立刻站立不动，睁大了眼睛，充当起雷达的角色。

"落在那儿！"蚂蚱一起飞，"雷达"们便跟踪上了；一落下，便立刻准确无误地指示出所在的方位。

开始，这只蚂蚱凭借着它的体力还能飞远。渐渐地，体力不支，终于被我"生擒"。"雷达"们一齐围上来，祝贺"战斗"的胜利。

我总结了刚才的"战斗"经验："我们刚才采用的是'疲劳战'的战术逮住了这只骁勇剽悍的大蚂蚱。对于那些反应迟钝的家伙，还可以偷袭、智取。"

欢乐的笑声在山谷里回荡。

接着，一场逮蚂蚱的"大战"在山坡上展开。参战的不光有男同学，也有女同学。

战果辉煌。不足一小时，每个人的手中都有了一串蚂蚱——意外的收获。

◎采蘑菇的"老姑娘"——我为采到两个大蘑菇而兴高采烈，唱起了《采蘑菇的"老姑娘"》（2006 年 8 月摄于大兴安岭的白桦林中）

现在，蚂蚱成了人们餐桌上的一道佳肴，可是那时人们的嘴还没"刁"到这个程度。要不，当时，它们岂不为我们的野餐增加了一道美味？

那时，我完全是一个孩子，忘记了自己是一个老师。学生们之所以玩得如此开心，也正是因为在他们眼里，我是他们中间的一员，确切地说，是他们的"王"——真正的"孩子王"。

课间，冯韵哭丧着脸向我报告："于老师，涂凡打人！"

站在冯韵后面的涂凡没有申辩，可见冯韵说的属实。

冯韵继续说："涂凡做作业时，我不小心碰了他一下，他就朝我背上狠狠地打了一拳。我说了一声'对不起'，他还打。"

我严肃起来。脸涨得红红的涂凡对冯韵说："都是我不好，请你不要和我一般见识。刚才我打了你两下，现在请你打我四下吧！"说完，转过身去，将后背给了冯韵。

冯韵把手抬了起来，可扑哧一声笑了，又把手收了回来，道："谁稀罕打你！"然后转过脸对我说："于老师，涂凡可坏了！天天把废纸放在我的位洞里说让我'学雷锋'……"

"从今天开始，你把废纸放在我位洞里行不？我替你收拾。"涂凡说，语气很真诚。

"谁像你似的！难道我不知道把废纸放到纸篓里？"

马上要上下一节课了，我请涂凡帮我擦黑板，请冯韵帮我发作文簿。可是，我转身的时候，不小心踩了涂凡的脚，我觉得踩得很重，连忙问踩得怎么样，涂凡却说不疼。我很过意不去，心疼地说："不是不疼，而是你不说疼。"说到这里，我忽然"童心萌动"，学着他刚才的模样，一本正经地说："对不起，请你踩我两下吧！"说完，将一只脚伸到他跟前。

正在发簿本的冯韵又扑哧一声笑了："于老师，你怎么跟涂凡一个样儿？"

和孩子们一样，有什么不好?

坐了不到半小时的火车，便来到大湖车站。这儿离要去参观的阎窝村还有一大段距离，我们只好步行。乡村道路，坎坷不平。走在班级最前面的许建设没走几步就累了。我蹲下身子，以命令的口吻对他说:"上来，我背你走!"他不敢违抗，只好乖乖地趴在我的背上。

我的行动感动了几位大个儿男生，吕东平、魏家福、王克利等人都争着要背许建设。就这样，大家像照顾小弟弟一样，轮流把他背到了目的地。

不知什么原因，许建设光吃饭不长个儿，上五年级了，还不如他上二年级的妹妹高。教数学的李老师为此还闹了个小误会。他接班上第一节课时，请许建设回答问题。答得不错。但是李老师批评他没有礼貌——回答问题没站起来。

同位的连忙站起来说:"李老师，许建设是站着回答你的问题的，他现在还没坐下呢。"

教数学的老师逻辑推理能力都很强，李老师顿时明白了，赶紧说:"对不起，请坐下。"

谁知坐下的许建设比站着还高些。为什么? 因为板凳腿比他的腿还长。

一天，许建设见我给一位老师理发，笑眯眯地央求我也给他剃剃头。

我说:"我不会剃分头，只会剃平头。"

"剃光头更好，凉快。"停了一会儿他又说，"省得头发长压得我不长个儿。"

我给他剃了，但没剃光，脑门上留着一个刘海。圆圆的脸蛋，留个刘海，再加上他笑眯眯的表情，更像个娃娃了。他回到教室，人人开怀大笑。

我说："现在，许建设就缺少一件红兜兜了。我要是在商店碰到了，一定给他买一件戴上。"

大家笑得更欢了。

许建设也很高兴，他还专门到照相馆拍了一张照片呢。

尽管他和同学是同龄人，但在同学们眼里，他就是一位小弟弟。从此以后，大家更关心他了。谁要让他去打水，别说班长，就连组长也不会答应。

他在公安局工作的父亲见了我就笑，说从我给他儿子剃的头中，看出了老师的一片童心、一片爱意。

他的母亲修正说："我看，于老师比我们还疼爱建设！"

许建设毕业了，他送给我一张照片——就是留着刘海的那张照片。照片的背面上工工整整地写着"于老师留念。学生：许建设"。

我的确一直念着他——念着他的个头儿，担心他长不高。

若干年后，一个偶然的机会，我在街上碰见了他。那时他已经参加工作了。还是圆圆的脸，表情还是笑眯眯的，但是个儿长高了。

我握住他的手，心里的一块石头落了地——他终于像个大人了。

一个小男孩在前面走。背上的书包像个驼峰，随着步伐的轻快节奏，也跟着一颠一颠的。我悄悄地追上去，伸出右手，轻轻地在他的右肩上一拍。他猛地向右一回头，却什么也没发现。原来，我在拍他右肩的同时，迅速地闪到了他的左侧。他又机灵地向左一转身，发现是我，笑了。但他并没有忘记问我"早上好"。声音里明显地少了往日师生之间的那种隔膜，少了那种纯礼节性的语气。

也许有人会说我"孩子气"太重，不像老师了。但是，学生会怎样看待我这些举动？事实证明，我愈和学生相似，学生愈亲近我。陶行知先生说："我们必须会变成小孩子，才配做小孩子的先生。"著名思维科学家张光鉴教授说："老师要和学生相似。于永正和学生相似了，所以他成功了。"我之所以能与学生融为一体，用老师们评价我的话说，就是"有亲和力"，其中一个重要原因是因为我有"孩子气"。师生融为一体，教育真的是一种幸福，教育真的会变得简单、轻松而有效。

前边讲的那个英国老师的"孩子气"不比我还重？难怪陈明华、秦志强先生说，亲近随和也是一种"智慧"。

四

童心不泯的标志之三，是理解和体谅学生。

2012 年 9 月 21 日，我在徐州市教研室举办的庆祝我从教 50 周年的研讨会上，执教《祖父的园子》一课时，一个学生提了这样一个问题："'我'在祖父的园子里瞎闹，把菜种踢飞，把谷穗当作狗尾草割掉，祖父为什么不批评呢？"

这个问题，至今还在我的心里。我一直在思考这个问题背后的东西。如果我的孩子这样做，作为家长的我会持什么态度？如果我的学生这样做，作为老师的我又会怎样做？能像"祖父"那样宽容吗？答案是否定的。

问题就在这里。我们对孩子、对学生是不是要求太高了、太苛刻了？是不是管得太严、太死，限制得太多了？我们为什么非得要求学生、孩子和老师、大人们相似？

我的四岁的小孙女欢欢在房间的墙壁上涂鸦，遭到了一家人（除我之外）的斥责。我说："让她画吧！说不定一个未来的画家就从这里诞生了。"她像领了圣旨似的，大声说："爷爷说可以画，爷爷说可以画！"

孩子就是孩子。儿童正是犯错误的时期。儿童做错事是正常的，不出错是反常的。不淘气的孩子绝对不正常。有了童心，就会理解孩子；理解了，就会有体谅，就会有"祖父"那种慈祥，那种令人感动的循循善诱，乃至于对淘气的"视而不见"。

学生之间难免发生争吵，甚至激化到拳脚相加的地步。每每遇到这种情况，我心里总是很平和，因为我视其为正常，因为我没有忘记童年的我。

如果只是吵架，我会说："要有点肚量嘛，要平心静气地说话。但我不当法官，不要对我说，而是你们二人之间谈。"

如谈不下去，我便说："现在休会，三天后再说。"

假如双方打起来了，拉开之后，我便说："和为贵，君子动口不动手。你们坐下来谈。"

但在多数情况下谈不拢。于是我又说："现在免谈，三天后再说。"

往往不到三天，他们便和好如初了。

类似的情况多着呢！

"报告老师，××骂我了！他说我头顶上长疮，脚底下淌脓——坏透了。"

"不，老师，是他先骂我大坏蛋的！"

"报告老师，××在我后背上贴了一个王八！"

"报告老师，××把扫帚放在虚掩的门上，我一开门，砸着我的头啦！"

"老师，××把一条蚯蚓放进我文具盒里，吓死我了！"

如此等等，不一而足。用"狼烟四起"来形容调皮学生的这些恶作剧绝不为过。顽童就是顽童，如果某一天，他们不顽劣了，那一定是有病在身了。每每听到这样的话，我便笑问："你难道不会处理这样的问题吗？"多数情况下，因为老师一笑，告状学生的气就消了大半。学生的心，常常因老师的心平和而平和。

这就是孩子。小学生之间有什么大不了的？如果缺少了理解和体谅，动肝火则是难免的了。

最考验我的是后进生，最最考验我的是既学习不好，又调皮捣蛋的学生。

教育之所以会成为一门科学，成为一门艺术，就是因为学生存在着巨大的差异。没有差异，教育的价值大概就失去了大半。对于特别会转化后进生的老师，应当授予"教育艺术家"的称号。

每当我要灰心，甚至要选择放弃的时候，我便会默念这句话：

承认差异，尊重差异。

与此同时，我会伸出一只手，那张开的五指便是全班学生的缩影。为什么硬要食指长得像拇指一样粗壮？难道因为小指细而短，总是长不过中指，便把它锯掉吗？

进而，我会对自己说："不要忘记小时候的你！"

差异是永远存在的。差异可以缩小，但不能消灭。每个学生都渴望老师关注他、关心他，希望老师能亲切地对他一笑，亲切地和他说话，后进生尤甚。就因为老师的一句关心、鼓励的话而使一个学生发生了根本性转变的例子不胜枚举。

说到后进生，我的话就多。这个弱势群体是最值得研究、关注的。从教50年来，我遇到的后进生尽管个性迥异，但最终都让他们有变化，至少在品德上。

我会让他们读两本书。一本叫"无字之书"，这本书就是我。我会努力让他们从我这本书里读出尊重、宽容、开朗、乐观、关心、耐心、一丝不苟。在这方面我做得比较好的，是40岁以后；基本上进入教育的"自由王国"，是50岁以后。因此，我十分佩服孔子的论断："四十而不惑，五十而知天命。"圣人哪！难怪日本规定不到五十岁不能当校长，韩国规定不到五十三岁不能当学校的一把手呢！教师和医生，如果不得老年痴呆症，越老越值钱。

教育有一种最重要或者说最根本的力量——"情"。我会经常到后进生家里坐坐。"我正好路过你们家门口，顺便来坐坐。"这是我说的第一句话。"路过"当然是假话，"顺便坐坐"是真话。人家"无事不登三宝殿"，我是"无事常登三宝殿"。学生有事了，我反倒不去。去干什么？那不是成心给家长和学生难看？"孩子让您操心了。"家长往往这样说。"这一段时间没让老师操心。"我说。接着我会说出没让我操心的事例。当着家长的面，我一般不谈学生的问题。我尽量不让学生感到我在教育他。这样他会感到难堪。"今后学习上有什么困难，对老师有什么要求，尽管对老师说。"临别时我一般会这样说。我还会加一句："你也可以对妈妈讲，让妈妈转告我。"我还会悄声对家长说："孩子在家里会说真话，只要听到对老师有什么不满的地方，您尽管对我说。"

"软硬不吃"、"刀枪不入"的学生我还没有碰到过，如果我们说的"软"与"硬"不是表面的和气和冷冰冰的厉害的话。因此，我更相信"情"的力量。

书——有字之书，是我让后进生读的最重要的书。只有读书，才能从根本上转变一个人。事实让我对书的力量深信不疑。诚如古人所说："书犹药也，善读之，可以医愚。"后进生一旦喜欢读书，且会读书，就会踏上实现彻底改变的快车道。至少在做人上会成为一个合格的公民。

有一位记者对美国总统杜鲁门的母亲说："您老人家真了不起，培养出了一个当总统的儿子。"这位母亲说："我还有一位了不起的儿子呢！"记者问："他做什么呀？"这位母亲说："他呀，现在正在地里挖土豆。"是啊，如果人人都成为总统，人人都成为科学家，谁来做工、谁来种地呀？如果我们把学生都培养成军事家，岂不更可怕？

我在中央电视台《星光大道》栏目里看到一位来自新疆的会唱歌的出租车司机，他一个人收养了好几个孤儿，而且遇上年老体弱者乘车从不收费。这样的人同样不是可以用"了不起"来形容吗？在老百姓的眼里，能感动别人的人都了不起，虽然他们的文化水准未必高。三百六十行，都得有人来做；三百六十行，行行出状元。为什么只用文化课的分数来评价学生？为什么要把学生都培养成科学家？如果带着这样的期待去教学，人人都会敲桌子，甚至暴跳如雷的。

童心不泯，才能体谅、善待后进生。

五

童心不泯的表现之四，是想学生之所想，做学生之想做。

从事其他行业的人可以忘记自己曾经是孩子，但当老师的不可以忘记。

如果我们没有忘记自己曾经是孩子，那么我们会有这样的共识：孩子不但要学习，还要玩。玩是孩子的天性，儿童的成长需要玩。我们当老师的，一定要为学生留出玩的时间。看着一二年级的小朋友背着沉重的书包，有的拉着像旅行箱似的拉杆书包，步履蹒跚地走在上学路上，我的心情十分沉重。那书包好像压在我的心上似的。难怪一位才上一年级的小朋友对爷爷说："爷爷，我什么时候退休呀？退休了，就不要做家庭作业了。"难怪我刚上一年级的外孙女盈池要办一所"玩儿的学校"，她对小朋友说："我的学校没有作业，你们愿意来吗？"当其他小朋友齐声说"我愿意！"时，我的眼泪一下子出来了。

我在山东老家读小学时，六年来没有任何家庭作业，更没有寒暑假作业。到徐州读初中和师范时，也没有任何家庭作业，没有寒暑假作业。真的感谢那"远古"的时代，不然，我哪有时间上山捡柴、拾草、干农活儿？哪有时间看书、习字、画画儿、拉京胡、唱京戏？哪有时间爬树、游泳、摸鱼？如今，还有会爬树的孩子吗？

我没有忘记自己曾经是孩子，所以我为学生布置的作业少之又少。

用作业把学生的课余空间填满，是对学生的巨大而无可挽回的摧残！

如果我们不曾忘记自己曾经是孩子，那么，我们还会有这样的共识：学生的成长离不开活动。所以，我不遗余力地、千方百计地为学生开展各种各样的活动。

这些活动，我的学生忘不了——

● 钓鱼、钓虾。我先请懂得垂钓并有垂钓经验的老师上"怎样垂钓"

课；接着带领学生到徐州郊区刘湾村钓鱼、钓虾；然后把钓来的鱼虾用于慰问"五保"老人和军属；最后写作——可以写钓鱼、慰问，也可以写"怎样钓鱼"，前两者是记叙文，后者则是说明文。学生只要钓上一条鱼，就授予"钓鱼能手"称号，并颁发奖状，且照相留念。

- 认识苹果。（这个课例将在后面作介绍）
- 峄山探幽。峄山位于山东邹城。孔子登峄山，说："登峄山而小鲁。"意思是说，登上峄山，鲁国尽收眼底，似乎变小了。峄山有"三奇"——奇石、奇洞、奇泉。山上有一玉帝洞，洞中石像座下还有一洞，传说那洞与海相通，称为"海眼"；山顶之上有一巨石，巨石之上有一名泉叫"朝天泉"，泉水经年不涸；峄山奇石很多，形态各异，如龟、如蟾、如虎……那么巨大的石头，从何而来？真的是天山飞来的吗？——以上是我带学生去峄山之前说的话的大意。学生们带着神奇、玄奥之感，来了一次"峄山探幽"。

- 游皇藏峪。皇藏峪位于安徽萧县。四周崇山峻岭，古木参天。林深处有一千年古刹——瑞云寺。相传刘邦曾在此处藏身，故而得名。那里每一个景点——皇藏洞、拔剑泉、仙人洞等，都有掌故、传说。学生边看边听我讲述美丽的传说，我想他们会有"思接千载、视通万里"的感觉的。

- "急行军，围歼云龙山'空降之敌'。"那些"隐藏"在云龙山上的石缝里、树杈上、草丛中的所谓"团长"、"副团长"、"参谋长"、"营长"、"连长"、"排长"、"班长"、"士兵"都是一道道数学题。"团长"、"副团长"、"参谋长"最难，依次类推，到"班长"、"士兵"则相对容易。"捉"到后，还必须"做"正确，才能记功；如"捉"到后不会做，可请别人帮助，这样，"功劳"便记在两个人的名下。一小时后，统计"围歼"人数，宣布战果。结果，尚有40余名"漏网之鱼"。学生不甘，于是再次"搜山"。

- 军营一日。一定要让学生走进军营，军营真是一所大学校。
- 参观飞机、坦克。

● 划船。

● 参观王杰烈士纪念馆，凭吊王杰烈士墓。

● 到菜地里拔草、捉虫。城市里的孩子不可不到农村去，乡下的孩子最好也能到城市里看看。

● 到农村朋友家里做客。

● 野炊。

……

所以，若干年后，我的学生聚会时都会这样说："我们是在于老师的带领下，在玩中成长的！"

◎我和我的学生在徐州青年湖划船（摄于1996年清明）

老师的脸上，不能只有严肃和庄重，也不能只有慈祥和和蔼，还要有些许孩子气。

我的眼睛从不只盯着"教书"二字。

教育不是圈养，而是放牧。

老师的心有多大，他的课堂就有多大；老师想得越深，他的课堂的内涵就越丰富。我的课堂很大。

六

为了把"玩"的文章做足，让"玩"的功能发挥到最大，我不惜耗费脑力和体力。既然搞了，为什么不让活动"增值"呢？

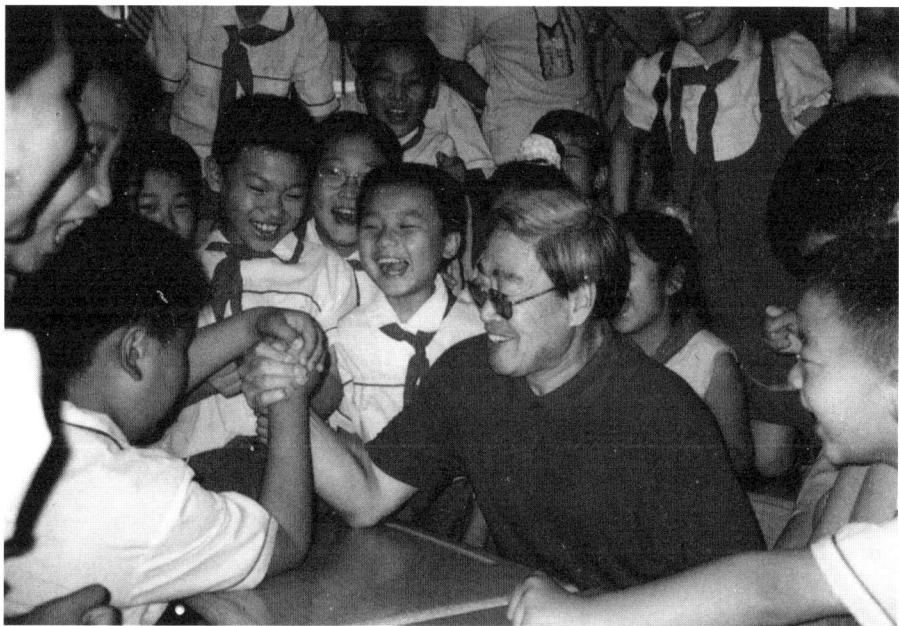

◎ "我让你两只手！"——我和学生掰手腕（2004 年摄于徐州市鼓楼小学）

谁也没想到我搞的"垂钓"活动，我会安排慰问"五保"老人和军属的环节；谁也没想到，在"军营一日"活动中，我会安排身着迷彩服的学生们挎着冲锋枪照相；谁也没想到，"认识苹果"活动的最后，我会举办"苹果展览"，让学生为展品——苹果，写说明，为前来参观的同学当讲解员，展出结束后，我会让学生写通讯报道，而且有位学生的报道还居然在报纸上发表了；谁也没想到，我带学生游泳，当女生遭到男生的"袭击"

时，我会号召女生向男生"奋力反击"，将男生打得"落花流水"；谁也没想到，学生毕业时，我会请每个同学把小学六年来所有的"同桌"名单开出来，邀请他们合影留念，并在照片上写上"我的小学同桌"……

这些活动的细节会给学生留下什么？只是留下快乐吗？不，它们会给学生留下人世间最美好的东西——情！

我对学生说："请把'我的小学同桌'等照片珍藏好。这些照片，你们长大了，才能读懂它。"

童年只有一次，童年一去不复返。给学生留下值得回味的金色的童年，是我不懈的追求。

五十多年了，学生一年年地长大，我却还是个孩子。是一届届学生的童年延续了我的童年。

教了五十多年书，最终却把自己教成了孩子。

写到这里，我把笔停了下来。望着窗外的青山绿水，心里很恬静，很舒畅，很满足，不由得从笔端涌出了五个字：

做老师真好！

写罢，眼泪涌出来了，接着笔端又涌出一句话：

想念你们，我教过的每一个学生！

第五章

行无言之教

| 老子说："圣人处无为之事，行不言之教。"

一

我说的"无言之教"指的是"身教"。

"身教重于言教",这是人们的共识。为什么"身教"的力量和影响，比"言教"大得多、深远得多？

因为，"在达到理智年龄以前，孩子们不能接受观念，而只能接受形象"（卢梭语）。岂止是孩子，大人又何尝不如此呢？

因为，"身教"无痕。教育一旦"有痕"——让学生感到你是在"教育"他的时候，十有八九，效果不彰，有人甚至认为，这样的教育是失败的。

因为，教育有"说服"和"看服"之分。前者为有声语言，后者为无声语言，即人们说的"事实语言"、"行为语言"。有人研究，人接受外界事物，主要靠视觉和听觉。就其比例来说，视觉占83%，而听觉占11%。边看边听的，三天后留下的印象是75%；只听不看的，三天后留下的印象占15%。

事实是这样的吗？

在美国，有人做了这样一个有趣的实验：把小学生分成四组，给每组分派一个实验员。待实验员与学生建立了良好的关系并得到了学生的信任之后，分别要求四组学生为孤儿院幼儿捐款。第一组实验员宣传人要有爱心，要慷慨捐款，同时自己也捐款；第二组实验员宣传不去救济孤儿，把钱留给自己；第三组实验员宣传人应当慷慨助人，自己却不捐款；第四组实验员宣传不必捐款，自己却捐款。实验结果是：第一组学生全部捐了款，第二组无一人捐款，第三组少数人捐了款，第四组大多数学生学着实验员捐了款。实验说明：说教对学生的影响是微小的。我们千万不能像有些外国朋友批评我们的那样，把教育变成"叫育"。这个实验还告诉我们：老师

（包括家长）的言行一致时，教育效果最大。所以教育家说，只有人格才能影响人格的发展和形成，只有性格才能铸造性格。榜样的影响作用确实是巨大的、深远的。

叶圣陶先生早在 1955 年就指出："教师教学生靠语言，讲一堂课，谈一番话，语言是不可少的工具。可是要知道，决不能光靠语言。教师讲了一大堆有道理的话，可是他的实际生活并不那样，他的话就不会对学生起多大作用。或者讲了什么是不好的，可是他的实际生活里就有那种不好的成分，那就会给学生很坏的影响，他们至少可以想，原来话是可以随便说的，说的话跟实际生活是可以正相反背的。唯有教师说的话跟他的实际生活完全一致，不但像通常说的'说得到做得到'，而且要做得到才说，情形就大不相同。那时候学生非常信服，愿意照着教师的话积极地实行，因为面前的教师就是光辉的榜样，他们觉得跟着教师走是顶大的快乐。我国古来有所谓'身教'，就是说教师教学生不能光靠语言，还得以身作则，真正的教育作用在语言跟实际生活的一致上。"（叶圣陶《教师必须以身作则》）

大德无形，大教无痕。影响，在小学阶段尤为显著。

二

老师就是一本教科书——一本学生天天看的"无字之书"。老师一旦出现在学生面前，学生们的目光就像雷达似的，无时无刻不在追随着老师，并不由自主地、潜移默化地模仿老师的行为。

正因为如此，我在学生面前不敢造次。过了不惑之年，更是谨言慎行了，就连抠鼻孔的坏习惯，我对它都保持高度警惕——一旦手指指向鼻孔，我立刻发出警告："收回！"

仪表，是我这本书的"封面"。头发常理，胡须天天刮。头发不能乱蓬蓬的，但也不梳得油光锃亮。一切异样，都会有负面影响，分散学生的注意力。工作装要整洁大方，颜色要庄重。不穿脏兮兮的皮鞋走进校门。

三

翻开我这本书的"封面",学生会看到我的"第二张脸"——字。当老师的(尤其是语文老师),能写一手好字,第一节课就能赢得学生的好感。我的小学老师张敬斋先生之所以受到我们的喜欢,原因之一,就是他写得一手好字。他为我们每人写的用来"仿影"的字,和柳公权写的没有多少差别。我们三年级"仿影"——把纸蒙在张老师写的字上"描";四至六年级"临帖"——照着柳公权的《玄秘塔碑》字帖临摹。天天上午第四节课写大字,同时还写小楷,三至六年级,每篇作文都是用毛笔誊写的。

"先生先生你别吹,你来写一个'家凤飞'。"

"'安'要好,宝盖头要小。"

这是张老师常说的话。于是我们就经常练写"家、凤、飞"(繁体),打好写字的基本功;于是我们从小就知道,写"安"字,宝盖头要小。

"欧体有骨,颜体有肉,柳体有骨又有肉。"

这也是张老师常说的一句话。书法评论家对张老师的这种描述肯定不同意,甚至表示鄙夷,但对于10岁左右的孩子来说,没有一种描述能比张老师对这书法三大家字的特点的描述更形象、更浅显、更容易被我们所接受的了。是张老师把我们引进了书法艺术的殿堂。读小学时,写字课之所以成了我们班非常喜欢的一门课,而且同学们的字写得那么好(我书写的水平,在班里属中上等),就是因为遇到了懂书法的张老师。

书法艺术给我带来了太多的享受、启迪、情趣和智慧,当然,也为我的语文教学带来了一道风景。

我的老师和我的语文教学经验告诉我,写字的意义太大了,小学生要写好字。

练字,是我备课的一项重要内容。写教案,不等于备课。要在练"本领"上下功夫。每课要求学生写的字,我必先照着字帖练;要板书的词语,我也要练,力求让板书的字,成为学生的"字帖"。老师写在黑板上以及在各种作业上写的字，对学生的影响很大。

不琢磨透每个字的间架结构，看准每笔的起笔、落笔，不把每个字练好，我是不会善罢甘休的。别的不敢说，在写字上，我是个很较真的人。

读帖，这是我备写字的第一步。描红，是第二步。1994 年秋，江苏省启用了苏教版小学语文教材，这为老师和学生写字提供了方便，因为每课要求写的字，都是请书法家写的。第一、二个，是红色的，三、四两个是淡红色的。每个字描红、仿影两遍之后，才临帖。描红很重要，它会真切地告诉你每笔的起、止处以及走势。

有一位徒弟指导小朋友写"左"、"右"二字。我一看他在黑板写的这两个字，我便料定他备课时没有照着字帖练。请他在电脑上找出"左右"两个楷体字，并放大。当大屏幕上出现了两个大大的"左右"楷体字后，我请徒弟和小朋友一起观察，看看"左"、"右"两个字的第一笔——横，有什么区别，第二笔——撇，有什么不一样（如下）。

左　右

徒弟和小学生一看都明白了："左"的一横短，"右"的一横长；"左"的撇，起笔高一些，"右"的撇则稍低一些。

还有位徒弟要执教《掌声》。我问他："这节课要求写的几个字你练了吗？"他说："练了。"我请他把"班"字写给我看。等他写完，我说："不规范。你看当中的竖撇，书法家是怎么写的。"于是，我请他打开书看一看。

班

"班"中间的竖撇，起笔高，收笔低。也就是说，这个竖撇要写长。

我郑重地对徒弟们说："写楷书，来不得半点马虎和随意，字帖上怎么写，就怎么写，一切在细节里。为什么郭沫若说练写字'可以使人细心'？道理就在这里。"

前边说了，备写字时，我是每个字都琢磨的。再举一个最常见的字——凤。

别说学生，就是老师能把这个字写规范的也为数不多。多数人把里边的"又"字写小了。其实不是这样的。请看楷书"凤"字。

凤

"又"要写狭长些，把里面的空隙基本上填满。以此类推，"树"和"凤"字，里边的"又"和"义"也要写长些。

树　风

老师在课堂上扮演的是什么角色？组织者、引导者！老师"明白"了，才能去"引导"呀！诚如孟子所说："贤者以其昭昭，使人昭昭。"不明白，就失去了"引导"者的资格，放任自流，听之任之，就在所难免。"以其昏昏"，哪里会"使人昭昭"呢？

所以，我努力做个"明"师。不求有"名"，但求心"明"。

"明师出高徒"、"师傅不明弟子拙"，这两句话我是牢记在心的。这两句话中的"明"，不是"名"。

下面是我在备课本上练的字：

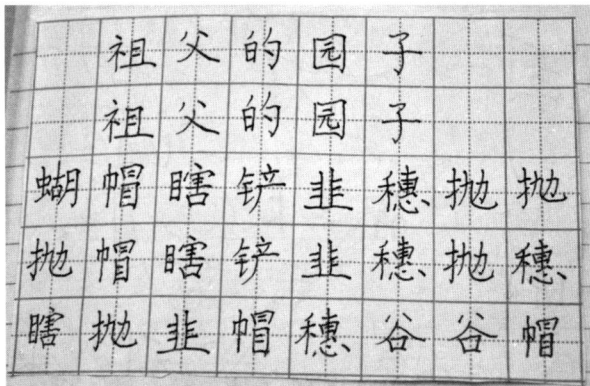

下面是我执教《爱如茉莉》，在黑板上的板书：

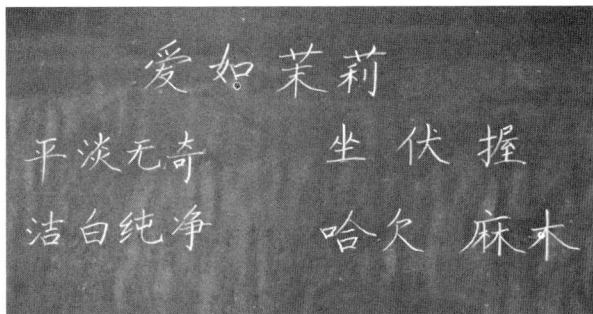

我每接一个班，少则半年，多则一年，学生的字就会发生变化，有些学生写的字很像我的字体。为什么？影响使然，引导使然，"向师性"使然。

四

我这本"书"里，有生动的、绘声绘色的朗读。

我备课除了练字，还练朗读——首先是练朗读。练朗读花的工夫比练字多得多。不读得"其言皆出吾口"、"其意皆出吾心"，也不会善罢甘休的。我花"工夫"备的是"功夫"。不把字练好，把课文朗读好，我凭什么走进课堂？凭"教案"？套用孩子的一句话——"打死我也不敢！"

让我对朗读产生兴趣的是我的小学老师张敬斋先生。他教我们时，每课必为我们范读。至今还记得他朗读《我的汗流哪里去了》（三年级的一篇课文）时的表情、语气。他一读完，我们就迫不及待地效仿张老师读起来。人人眉飞色舞，个个小脸通红，也不知哪儿来的劲，也从没感到嗓子疲劳。每篇课文都读得滚瓜烂熟。记不得张老师讲什么了，他似乎也没讲什么。只记得他的漂亮的字、声情并茂的朗读、爽朗的笑声和对我们的那一份亲切……

让我懂得什么叫"因情用气"、"以情带声"的是京剧。看京剧，随着剧情的发展、变化，会较容易地走进人物内心，从而对他们的念白、演唱所表达的情感产生共鸣。为什么人们说"名演员浑身都是戏"？是因为他们能入情入境，不要说念、唱和面部表情了，就是一抬手一投足也都是"戏"，都是有情的。每次看袁世海的《九江口》、高玉倩和刘长瑜的《红灯记》"痛说革命家史"、尚长荣的《一代廉吏于成龙》，都让我对"以情带声"、"声情并茂"有了新的理解和感受。朗读和京剧的演唱、念白一样，关键是一个"情"字。

广播电台的播音员（如当年中央人民广播电台的葛兰、夏青、张颂等）和在电台朗读长篇小说的朗读者，是我的良师。王刚朗读的《夜幕下的哈尔滨》，对我影响很大。

真正让我明白朗读是怎么一回事的，是张颂先生的大作《朗读学》。读完《朗读学》，我顿觉天地开了，这让我从混沌中走了出来。对我来说，《朗读学》就好比盘古的大斧头。

朗读，受朗读者的智力、能力、感受力、表现力、道德情操、审美情趣的制约，所以老师要加强修养，提高自己的综合素养。

一个人的综合素养非常重要。一个人的爱好越广泛，他所获得的营养与感受就越丰富，理解力和表现力也就越强。

综合素养高的人，特别是语文素养高的人，再加上善于倾听、善于揣摩，朗读时，就很容易做到叶圣陶先生说的，"激昂处还它个激昂，委婉处还它个委婉"。我现在，基本上能做到"见文生情"了。

我教的学生很喜欢朗读，水平也比较高。其实，我不讲什么技巧，或者说很少讲技巧，就是一遍一遍地读给学生听，然后让他们一遍一遍地跟我读。朗读好了，课文理解了，学生就有了悟性，有了灵性。朗读好了，什么都有了，就会为学生留下语言，留下语感，留下情感，留下表达的方法，等等。

徐世荣教授说得好：

　　讲解是分析，朗读是综合；讲解是钻进文中，朗读是跃出纸外；
讲解是推平、摆开，朗读是融贯、显现；讲解是死的，如同进行解剖；

朗读是活的，如同赋给作品生命；讲解只能使人知道，朗读更能使人感受。因此，从某种意义上讲，朗读比讲解更重要。

商友敬老师的话也很深刻：

朗读文章——这是语文老师最见功底也最显才情的事。读得好，文章就成了老师"自己的"了。学生就能把老师看成是作者，这是语文教学成功的一大秘诀。

如果说我的语文教学取得了一点成功，那首先得归功于我的朗读。

五

打开我这本"书"，学生们会看到我写的"作文"。

读初中时，在李晓旭老师的激励下，我做起了"作家梦"。从此，读书不断，笔耕不辍。梦想没实现，却收获了读、写的习惯。"歪"打正着，是读、写的习惯成就了我的语文教育，使我成了一名学生喜欢的特级教师。

因自己喜欢舞文弄墨，所以也特别喜欢作文教学。我以为，我上的作文课要比阅读课好得多。

我是叶圣陶先生倡导的写"下水文"的忠实践行者。遵照叶老的教导，我要求学生写的作文，我几乎都先"下水"。一"下水"，心里什么都明白了，什么难易深浅、起承转合，都在我心里了。"了然于心"、"成竹在胸"，走进课堂就有底气。如果哪一次没写"下水文"，心里总觉得欠了点什么，有一种"失职"的感觉。——写"下水文"，备的也是"能力"，是"功夫"。

实践告诉我，写"下水文"是最好的作文备课。

一天，一位主任检查我们的作文备课。一看我的备课，只有一篇"下水文"，于是找我谈话："作文备课怎么没有目的要求、重点、难点以及教学过程?"我说:"一'下水',这些都在我心里了。"主任肃然:"但不写,总不大好吧?"我嬉皮笑脸:"您网开一面,让我实验!"主任笑道:"取得经验,全校推广!""万岁!"我激动得差一点与她相拥。

下面是我保留的部分"下水文",有的,我还把它编进了苏教版小学语文教材。

"高山流水"

"高山流水"(注:这是一种菊花的名字)的茎粗壮挺直,叶子肥大稠密,而且下垂,一片一片的,紧紧地抱在一起,看上去像绿色的山崖。花朵并不大,但花瓣特别长。白白的、细细的、长长的花瓣,稀稀拉拉地从绿叶上垂下来,恰似悬崖上挂着的涓涓细流;快拖到花盆的花瓣顶端,向上一翘,弯成一个个圆圈圈,又像溅起的一朵朵浪花。侧耳细听,仿佛能听到潺潺的水声……

山坡上

山坡上是草的世界。高的齐腰深,矮的才刚没脚脖子。草的颜色各不相同,有深绿色的,有浅绿色的,也有淡黄的。草丛中夹杂着许多野花,红的、白的、黄的、紫的都有。那些白色的我认识,叫野菊。我在山坡上慢慢地走着,不时惊起草丛中的蚂蚱。蝴蝶却不怕人,依然在我身边飞来飞去,有时竟敢落在我身旁的野菊花上。

二八月,看巧云

奶奶常常对我说:"二八月,看巧云。"奶奶说的"二八月",指的是农历。所以到了春天和秋天,我特别注意天空中的云,看它巧在哪儿。

二八月的云巧在它的造型上。在蓝天的尽头,常常出现大堆大堆的云,高高低低,层层叠叠,错错落落,明明暗暗,像一座座巍峨高耸的雪山。我常常怀疑:那是不是喜马拉雅山?是不是昆仑山?

有时候云山也会出现在头顶上空。多数情况下,它们是一座一座的,各不相连。这时的云山也很好看，有大的，有小的；有高的，有矮的；有险峻的，也有平缓的。在蔚蓝色天空的映衬下，这云又像露出海面的、覆盖着皑皑白雪的岛屿，它们稳稳当当地在海上漂浮着。如果不长时间地看，根本看不出这山、这岛屿的形状在变化。

不知什么时候，那云被分割成一块一块的，整齐均匀地排列在高空，像鱼鳞似的。我想，天上是不是也有耕耘机，是它把云山给耙平了？这鱼鳞云变化得极慢，它有足够的耐心让人欣赏个够。

二八月的云还巧在它的色彩上。这时的天空特别高、特别蓝，云厚而白，极有层次。到了傍晚，那云就会被霞光染得五彩缤纷，有时同一朵云也往往会有多种颜色。

二八月的云沉稳、端庄，有凝聚力。它不像夏天的云那样，有时像扯碎的棉絮，飘飘忽忽，匆匆忙忙；有时又那么低、那么暗，黑压压地从天边涌过来，给人以"黑云压城城欲摧"的感觉。它也不像冬天的云那样，懒懒散散，松松垮垮，无精打采。

二八月的云，是流动的诗，是变幻的画！

乌鸦反哺

一天，我和妈妈在树林里散步，忽然从乌鸦巢里传来"哇——哇——"的叫声，声音低沉、嘶哑。

妈妈对我说："这是一只老乌鸦在叫。它可能饿了，要吃东西呢。"

我感到奇怪，便问妈妈："它为什么不自己去找东西吃呢？"

妈妈叹了口气，说："它老了，飞不动了。"

"那怎么办呢？"我着急地问。

这时，两只小乌鸦衔着虫子飞进巢里。

妈妈对我说："你看，小乌鸦在给妈妈送食物了。它们长大了，没有忘记妈妈的哺育之恩，这叫'乌鸦反哺'。"

听了妈妈的话，我不由得紧紧依偎在妈妈怀里。

欢　欢

欢欢是我的小孙女，三岁半了。

一天早上，她拿着我的剃须刀，对我说："爷爷，剃须刀饿了。"

"是吗?"我笑了，"那，喂它什么呀?"

"喂胡子呀! 它把你的胡子吃到肚子里，就不饿了。"

说着，她推了一下开关，剃须刀立刻叫起来。她认真地说："看，它饿了吧? 肚子咕咕叫了吧?"

我刮完了胡子，欢欢抢过剃须刀放在嘴巴下面来回蹭着，说："它还没吃饱呢，我再喂它一点。"

我哈哈大笑说："小心刮破了皮!"

春天的果园

我们来到果园，正是桃花盛开的时候。

眼前的这一大片桃花，就像从天上飘落下来的云霞。我们漫步在桃花丛中，好像不是人在走，而是云霞在飘荡。

不知为什么，同学们在果园里，就像在课堂里一样，没有一个人喧哗。就连嗓门最高的朱飞飞说话也细声细语了，是不是怕声音大了会把桃花震落?

同学们走着，看着，闻着。小鸟在天空歌唱，蜜蜂在花间飞舞。桃花开得真多，密密麻麻地缀满枝头。嫩绿的叶芽儿从枝头、花的背后钻出来，使桃树更加生机勃勃。是因为花太艳才使得芽更绿，还是因为芽太绿才使得花更艳，谁也说不清。

俗话说："桃花开，杏花败。"桃园旁边的几十棵杏树上，只剩下稀稀落落的花儿，颜色也褪成白色了。我们正欣赏着所剩无几的杏花，又有几片花瓣飘下，真是"不摇花已落，无风花自飞"呀。

老师指着树枝说："'花褪残红青杏小'，你们仔细看，那小小的青杏多可爱!"

我们立刻顺着老师指的方向看去，每个花托里都有一个小青杏。那杏绿豆般大小，毛茸茸的，像没睡醒的小宝宝。

杏花谢了，使春天减少了一份色彩，但是那小青杏，又为春天增添了一道新的风景线。

"下水"的目的何在？

第一，示范。每次作文都有一定的目的和要求。这些要求我是怎样做到的？我会让"下水文"告诉学生。比如教人骑自行车，光讲要领是不够的，还得示范——我骑给你看看。展示"下水文"的"潜台词"是：看老师是怎么写的？

我写《山坡上》，意在告诉学生——

- 万事万物皆可入文，处处留心皆素材；
- 写景要动静结合——有植物，还有动物；
- 要对比着写——草有高有矮，花有红有白，动物有胆儿大的，也有胆儿小的。

这样写，生动活泼，错落有致，会给人留下较深的印象。

写《"高山流水"》，意在告诉学生——

不但要仔细观察，还得用心去感受，学会联想。联想，会使文章文采飞扬。

写《春天的果园》，意在告诉学生——

要学会"引用"。"引用"是一种重要的修辞方法，可以使文章有"文"气，有深度。

写《二八月，看巧云》则告诉学生——

有的事物要长期观察才能有所得，有所感，有所悟。

《朗读手册》的作者吉姆·崔利斯说："书是最好的作文辅导老师。"不错。老师高质量的"下水文"，对学生来说，是更直接、更具指导意义、让学生更感亲切的作文辅导老师！因为"这是俺老师写的"（学生语）！"下水文"的质量越高，示范性就越强。所以我努力写好每篇"下水文"，尽量让学生"取法乎上"。

第二个目的是激励学生。每次学生写作文时，我都会说："我也写好了。等你们写完了，咱们互相交流一下，看谁写得好。"

自从有了多媒体，我会把我的作文原稿投到大屏幕上，学生边看边听我朗读，这样效果更佳。当"下水文"投到大屏幕上，也有句"潜台词"：看老师的字！看老师的行文格式！

写"下水文"，还让我收获了学生的佩服。

"看服"胜过"说服"，"佩服"胜过"看服"！

师生共写，其乐融融！这是我的作文教学取得成功的一个重要因素。

"下水"，是我在作文教学中的"无言之教"。

六

"行无言之教"的内容很多、很广，几乎无处不在。这是我在《老师，也是一本教科书》一文中的几段话：

一次，全校大扫除。中午放学前，班长向几个小组长布置了任务，要求中午回家做好物资上的准备。

"班长，下午我的任务是什么？"我一本正经地问班长，俨然是个老战士。我给自己做了个规定，每次大扫除都要以"普通一兵"的身份，和学生一起劳动。

班长俨然是个"老班长"，略加思索，以班长的口吻说："擦玻璃的同学任务比较重，请你下午带抹布和卫生纸，擦教室北面的窗户。"

"是！"

下午，第二节课刚下，我便出现在窗台上。"其身正，不令而行。"学生们很快各就各位。

只要发现学生的桌子下面有片纸屑，我就会不声不响地走过去，弯腰捡起来。凡是看见了我这一动作的学生，便会立刻向自己座位周围的地面上瞅。一旦发现谁的座位下面也有纸屑，也会像我一样，不声不响地拾起来。哪位学生的橡皮掉在地上，我会马上走过去拾起来，一声不响地放到他的桌面上。学生说"谢谢"，我则轻轻地抚摸一下他的肩，意思是说"不用谢"。

要求学生做的，我首先要做到。这是我对自己的一条规定。

天很冷，还下着小雨。路上行人稀少。

我从巷口里出来，向东一拐，发现公共厕所旁边躺着一个人。那不是我班的学生刘其太吗？怎么躺在路旁？我赶紧走过去。他脸色蜡黄，但很清醒。他告诉我，刚才从厕所出来，头一晕，便倒下了。

我把他背起来，送到了他的家里。——他的家离这儿很近，我知道。

家长见我身上沾满了泥水，很过意不去。我说："就是别人也得帮助呀，何况是我的学生呢？"

1996年的六一儿童节刚过去没几天，我们班到部队去参观、慰问。离开营房已是下午1点钟了。这是夏季一天中最热的时候。身材不矮却很瘦削的刘劼平背着一架120贝斯的手风琴在前边走着。我几步追上去，边从她背上拿手风琴边说："你还没有手风琴重呢，让我替你背吧。"大个儿男生夏志成连忙把手风琴从我手中夺了过去，说："于老师，让我背。"背好之后，他转脸对刘劼平说："喂，我是替于老师背的，可不是替你背的哟！"到了六年级，男女生之间似乎有了那么一层说不清的东西。

"那我也得谢谢你！因为手风琴毕竟是我的呀。"刘劼平大大方方地说。

走出营房大门，我请学生们先上车，学生们则请老师们先上车。女同学请男同学先上，男同学则说"女士优先"。

师生之间、学生之间充满着温馨。

要求学生做到的，我先做到，这并不难。考验我的是，遇到有碍面子的事，能否坦然以对，为学生做出表率。

在徐州师范读书时，曾听到过这样两个故事。

其一：

一位刚接到一个新班的老师点名时，遇到一个不认识的字（有人起名喜欢用冷僻字），便故意将这个学生的名字"漏掉"不读。点完后，老师问："都点到了吗？"被"漏掉"的学生起身说："老师，没点我。""你叫什么名字？"该生说出了自己的名字。这位老师一边重复着这位学生的名字，一边装出在点名册上找到的样子，说："对不起，刚才看马虎眼了。"

其二：

同样是点名，同样遇到一个不认识的字，同样故意"漏掉"不读，点完同样问"还有没点到的吗"，没想到接下来的对话竟是这样的。

"老师，我的名字你没点。"

"你叫什么名字？"

"点名册上有。我姓'师','老师'的'师'。"

……

原来，该生知道他的名字多数人不认识，故意考老师的。

是不是"道高一尺，魔高一丈"？

历史真有"惊人的相似"！1962 年我刚参加工作，接的是一个三年级班，点名时也遇到了一个不认识的姓——訾！该生叫訾建华。本来也想"虚荣"一下，幸亏孔子的话在耳边响起："知之为知之，不知为不知，是知也。"我转身在黑板上写了一个大大的"訾"字，问小朋友："这个字念什么呀？老师第一次见这个姓。"全班小朋友当然都认识，齐声说："zī！"我说："和你们一见面，我就有了一个收获——认识了'訾'字。谢谢你们！"

当面认错更需要勇气、坦诚和无私。

工作后的第二年，我兼六年级的音乐课。一次，一位姓从的学生上课不守纪律。下课，我让他到办公室去。他执意不肯。拉扯间，我一把将他推倒在走廊上。进了办公室，我以他没"立正"站好为借口，狠狠地踢了一下他的脚。事后，虽觉得我的一"推"、一"踢"性质严重，但一直缺乏当面认错、道歉的胸襟和勇气。现在，不知这位姓从的学生会不会对我的行为还耿耿于怀，但我对我的错误至今不忘，而且一直为此而感到悔恨。过了而立之年，自己才似乎"立"了起来，能把"自己"丢在一边了。一次，一位学生写大字（毛笔字）时，因漱大拇指（他有个把大拇指放在口中漱的习惯），我一巴掌把拇指给打了出来。这一巴掌打得很厉害。冷静下来之后，我当着全班学生的面，真诚地向该生认错、道歉。后来见到了该生的父亲，又一次道歉。

人非圣贤，孰能无过？犯错误不怕，只要正确处理，错误就变成了教育资源。这种"无言之教"，对学生的影响，我相信同样是深远的。

七

我这本"书"里，还有许多故事——我和学生的故事。这些"无言"的故事，会深深地镌刻在学生心中。

下面是我写在《于永正与五重教学》里的一段话。

耿臻记住了有一次语文考试，考得不理想而掉"金豆豆"时，我跟她开的一个玩笑——"大家小心点儿，咱们班马上要变成小西湖了！"耿臻破涕为笑。张维维记住了她一次数学没考及格而沮丧时，我对她讲的我小的时候数学有时也考不及格的事。魏亚军记住了他小时候偷人家的黄瓜被我知道后，我没有批评他，只是对着他的耳朵，轻声问了一句："魏亚军，偷来的黄瓜好吃吗？"然后，一笑了之的事。刘其太记住了一个下雨天，他因为生病而晕倒在路旁，正巧被我遇到了，把他背回家的事。晏军记住了生病时我带他到医院就医的事。祖庆涛记住了因留级到我班，课间没有同学和他玩，下课后我和他一起踢毽子的事。张莉的故事长一些：一次我带领全班学生到皇藏峪玩，她下山时不幸摔破了头，我亲自送她到医院治疗，然后送她回家，并向她的家长道歉。好多同学则记住了我为他们买书、奖书的事……

让学生难忘的，还有大量的活动中的故事。

我不怕苦，也不怕麻烦，经常带领学生到大自然中去，到军营中去，到工厂去，到农村去，到博物馆去……钓鱼、钓虾比赛，作文、写字、绘画比赛，还有多种文体活动，都是我经常开展的。活动中的故事不胜枚举。战松钓鱼掉到河里的故事；耿臻在菜地里捉虫，被男同学把一只青虫放到脖子里而吓得尖叫的故事；白荣光钻坦克，头被碰了个"大老牛"的故事；一天晚上，同学们在庄稼地里捉迷藏，王亚南因为大家久久找不到她，而吓得自己跑出来的故事……活动，对孩子成长来说，是不可缺少的。"缺少这种欢乐，就难以想象有充实的教育。"（苏霍姆林斯基语）著名少先队活动家顾岫荫老师说："一个人亲身经历一些有意义、有情趣的活动，会在记忆里留下难以磨灭的痕迹，每一个精彩的活动留给孩子的都是一颗珍珠。当他长大后，岁月的丝线把这些珍珠串起来，就成为人生珍贵的项链。"

我总希望我的学生拥有更多这样的珍珠，拥有一个金色的、快乐的童年。

当初我留给学生的只是一些爱的碎片罢了，一些零星的趣事罢了，今天收获的却是温暖的回忆。

我曾听过郭振有先生的一个报告。郭振有先生说过一段很深刻的话："教师有没有文化主要不在于教师的职称、职位，而在于教师有没有生动的个性、感人的故事在学校里流传。有些学校没有文化气息，问学生老师有哪些感人的故事，学生讲不出，或只能讲一些课堂的笑话。"郭振有先生语重心长地说："只有大德之人，才能干大事业。"

如果我在年轻的时候就明白这样的道理该多好啊！我一定会为学生留下更多、更好的故事。

"我"这本书里如果没有故事，就浅薄了、乏味了。没有了故事，学生心目中，就不会真正有我。

有了故事，才能为学生留下一个可感的、规规矩矩地书写出来的"人"字。

我常说，我不只是教语文的，说我是语文老师是不确切的，准确地说，我是用语文进行教育教学的老师。如果说"我是教语文的老师"，那就把自己看窄了。

1923 年，叶圣陶先生在《教师的修养》一文中说，教师不只是传授知识的，如果一位数学教师不仅教学生数学，还能给学生以良好的思想影响和性情的感染，而其他学科教师皆能这样，那么学生才能成为"健全的人"。叶老恳切地希望老师"一言一行，都没有消极的倾向，一饮一啄，都要有正当的意义"。

这些话，我无论什么时候读都感觉温暖、亲切、入心，让我时时记住，要当好"经师"，更要做好"人师"。

第六章

激　励

教学艺术的本质，不在于传授的本领，而在于激励、唤醒和鼓舞。（第斯多惠语）

如果说教育的第一个名字叫"影响"，那么，它的第二个名字便叫"激励"。

一

我深感激励的巨大作用。因为从小我就是在老师的激励下逐步成长的。下面几件事，我永生不忘。

——我在老家山东莱阳读小学三年级时，写的第一篇作文是《我喜欢上国语课》。老师在黑板上写了"我喜欢……"。属于"半命题"，谁喜欢什么，由自己填。于是我在下面填上了"国语课"三个字。刚解放时，"语文"叫"国语"。我的开头是："我喜欢上国语课，为什么呢？"接着写了几个理由，其中一个是："张老师读得好，我喜欢听老师朗读。"读小学三年级的我，绝对没有拍马屁的意思，再说，那时也压根儿不知"拍马屁"为何物，说的是大实话。没料到，张老师全篇都画上了波浪线！"全篇"，也不过六七行而已。有两句批语："用设问句开头好。语句通顺。"就这样，一下子我就对作文产生了兴趣，并一生乐此不疲。

——读小学四年级时，我写的一篇大字（共 12 个字），其中有两个得了双圈儿！只有写得特别棒的字，老师才画双圈。能获此殊荣的很少！我兴奋得不得了，拿回家给爷爷、奶奶看，给妈妈看，然后把它寄给了远在徐州工作的爸爸看！从此更喜欢书法了。

——小学四年级第一学期期末考试，考得不错，张老师为我画了一张奖状（那时农村的条件差，奖状都是我们张老师画的），奖状上画了一只展翅欲飞的小鸟，写了一句勉励的话。从此，我学习更加勤奋。

——在徐州市第七中学（贾汪区大泉镇）读初中一年级时，写了一篇作文（好像写的是一位小学同学），得到了李晓旭老师的青睐，朱笔一挥，写了一句："此文有老舍风格，可试投《中国青年报》。"我受宠若惊，赶紧买来稿纸誊抄投出。谁知如石沉大海，盼至今日，未曾发表！但，这句话使我有了梦想——想当作家！于是夙兴夜寐，手不释卷，笔耕不辍，日夜巴望着自己的名字出现在报刊上。李老师的一句话，对我一生的发展，起到了至关重要的作用；同时，也使后来成为教师的我明白了，什么是成功的教育。成功的教育，是让学生有梦想。

　　——在徐州师范学校读一年级时，写了一篇《读〈任瑞卿先生二三事〉有感》，得到了赵维仁老师的赏识，不但在我班读了，还拿到另一个班读了——那时赵老师还教一个幼师班的语文。我说呢，怎么有一段时间，幼师班的女同学都用一种异样的眼光看我！后来才知道，她们想认识一下那篇作文的作者！赵老师的赏识对我来说，无疑又是一次莫大的激励和鼓舞，更坚定了我当作家的信心。

真的，过程比结果更重要。虽然我的梦想没有实现，但追求梦想的人生是充实的。读、写让我收获了从事教育事业的硕果，成为特级教师不也很好吗？

初中一年级，读奥斯特洛夫斯基的《钢铁是怎样炼成的》时，记下了他的这段名言：

　　人最宝贵的是生命，生命于我们只有一次。人的一生应该这样来度过：当他回首往事的时候，不因虚度年华而悔恨，也不因碌碌无为而羞耻。这样，他在临死的时候就能够说：我把我的青春献给了人类最壮丽的事业——为人类的解放而斗争。

那时候，我牢牢记住了：不能"虚度年华、碌碌无为"。

一晃，60年过去了。回首往事，我没有悔恨感，没有羞耻感，因为我留下的脚印很清晰、很实在。

感谢《钢铁是怎样炼成的》，感谢它的作者奥斯特洛夫斯基。

书，尤其是书中的名言，对我亦有巨大的激励作用。

二

至于别人的例子更是不胜枚举，每个成功者、进步者，每个优秀教师教的每个学生都有这样的感人故事。作家黎汝清说："我之所以立志当作家，最终成为作家，是读小学时，有一篇作文登上了墙报。"安徽凤阳一中有个叫邵军的学生，表现很差，是个被老师放弃的学生，升入高三，新班主任吴华兵老师找他促膝谈心，说："让我们从'心'开始。"说完，把"心"字写了出来。邵军十分感动。在吴老师的鼓励、帮助下，他发愤学习，一年以后，成了大学本科生！这不能不说是一个奇迹！这个奇迹产生的动力叫"激励"——老师的爱心，激活了邵军的潜能。从这个角度上说，教育也可以叫"激活"。

最发人深省的是成尚荣先生讲的一个例子。

一个小学生上课时偷看一本刚买来的小说，被老师没收了，并叫他回家把家长请来。该生边走边思忖："请爸？爸厉害，会打我。请妈？妈和爸一个鼻孔出气，把此事告诉爸，还免不了挨打。请外婆？对，外婆好。"于是他来到外婆家，把此事告诉了外婆。外婆到学校去了，很长很长时间才归。该生怯生生地问："外婆，老师说什么了？"外婆说："嘿！老师夸你呢。他说你从小喜欢看书，说不定长大了能成为作家。这不，老师叫我把书给你带回来了。"该生深受感动，也深受鼓舞，从此更喜欢读书了。长大了，这个学生果然成了作家！一天，师生聚会，老师对这位已成了作家的学生说："我对不住你呀！上小学时，我不该没收你的书，更不该叫你请家长到学校来。现在，我把这本书还给你……"原来外婆的那本书是她跑到书店买的！该生喟然，在心里说道："外婆不懂教育，但她懂得关爱和激励！"

王中力先生说，一个人在没有受到激励的情况下，他的能力只能发挥到 20%—30%，如果受到正确而充分的激励，能力就有可能发挥到 80%—90%，甚至更多。

我之所以举这些例子，是想说明，激励的作用的确巨大，它的确是教育的伟大法宝。

三

夸美纽斯说："应当像尊重上帝一样尊重孩子。"

周弘先生说："没有赏识就没有教育。"

压根儿不把学生当回事，也就谈不上尊重和赏识，激励也就无从说起。

我每接一个新班，就学生的外表而言，让我喜欢的不多，但不到一个月，我就会觉得每个学生都很美。这就应了罗丹的一句话："不是因为美才可爱，而是因为可爱才美。"相处一段时间后，会发现每个学生都有可爱的地方，因此也就觉得他们都美，并不是有人说的那样，是因为"看惯了"。

当我感到每个学生都很美——至少让我看得顺眼——的时候，激励的法宝我会运用得更加纯熟而自然。我的班级就会进入一种非常融洽、和谐的境界。"文革"期间，社会动乱，但我教的每一个班都能井然有序、按部就班地上课、搞活动。为什么？原因之一，是因为我尊重学生，喜欢学生，我会激励他们。

尊重，是民主对话的基础；爱，是赏识、激励的前提。

但，激励是大有讲究的。我归纳出五条"原则"——姑且称为"原则"吧。

1. 针对性原则；

2. 实指性原则；

3. 引领性原则；

4. 及时与重复性原则；

5. 鼓动性原则。

下面分别说说。

1. 针对性原则。所谓"针对性原则"，就是说激励要有的放矢。第一个"的"，是针对所有学生的特长（尤其是后进生的特长），加以"放大"，使特长更长，使每个学生都有信心，脸上都有阳光。第二个"的"，是针对学生的薄弱环节，"放大"该环节随时出现的"闪光点"，使其日渐长进。

学生李明一直为数学成绩不好而沮丧。一天，又在为一次数学测验不及格而抹眼泪。我当着全班同学的面说："尺有所短，寸有所长。人也是这样的，没有十全十美的。就拿李明来说吧，虽然数学成绩不理想，但画画水平很高。"说到这里，我指着教室后面的黑板报上李明画的插图说："看，黑板报的插图多美呀！咱班在绘画方面能与李明比肩的不多吧？"顿了顿，我一字一顿地说："李明李明，画画最行！"李明脸上逐渐有了阳光，眼睛明亮起来。中学读完之后，他通过自学，取得了美术大专文凭，成了一位颇有名气的画师。

徐强的理科学习成绩也很平平，但字写得出色，在一次班级写字比赛中获得了"小书法家"称号。有了这顶"桂冠"，他练字更用心了，并煞有介事地研究欧、颜、柳、赵四大书法家的字帖。后来果真能对四大家字的特点说出个子丑寅卯来。我一口一个"书法家"地叫他，看重他，学生自然不敢小觑他。

在我的激励下，后进生们的"亮点"越来越亮，他们的脸色也越来越阳光。

韩松的作文，从内容上看，没大问题，该具体的也能写具体，但语病多，总写得不顺当。我让他看书时（包括课外书）多朗读，天天坚持。终于有一天，他写了一篇没让我改动一个句子的作文！我心中大喜，我对全班同学说："韩松能把作文写通顺，不要老师加一个字，也不要删掉一个字，真是了不起的进步！"说完，请韩松把他的作文朗读了一遍。

朱飞飞对标点符号似乎不敏感，丢三落四的。特别是写人物对话时，常常不点引号，有时顾前不顾后——前引号点了，后引号没了。"后引号呢？飞了？"我把"飞"说得很重，他笑了。于是，我让他天天抄一句课文中的人物对话——只抄一句，不准抄错标点符号。两个星期下来，丢三落四的毛病改了。我让他在班里介绍经验，并给他戴了一顶"进步飞快"的"高帽子"。我说："朱飞飞作文中的引号再也不飞了。"全班小朋友会心地笑了。

许多学生成长过程中的薄弱环节，都是在我这样不断地激励中逐渐改观的。

世界上没有两片完全相同的树叶，自然也没有两个完全相同的学生。一个学生一个样。我每接一个班，至少得用一个学期研究学生的个性差异。掌握了学生的个性差异，激励才会做到"有针对性"。

2. 实指性原则。"实指性"指的是表扬要实事求是。首先，表扬得有事实，有事实，表扬才站得住，学生才信服。其次，表扬的话要恰如其分，不能空泛。大而空的表扬，朦胧诗似的评价，学生听不懂，不得要领，更不能把"预设"好的评价语，在课上硬套。即使"套话"勉强说得过去，但激励的作用也不会太大，因为它不是发自老师本人的内心。有的老师听我的课时，专门记我表扬、评价学生的话。有一位老师因为有一句话没记下来，下课后，专门跑来问我，那句话是怎么说的。我说："对不起，忘了。"这使我记起了胡琴圣手杨宝忠先生的一件事。一次，杨先生在演出时拉了一个花过门（为演员伴奏时，拉出了一个漂亮的、具有创造性的过门），台下掌声雷动。演出一结束，一位琴友跑上台问这个花过门是怎样拉的，并讨要琴谱。这位京胡演奏家说："对不起，记不住了。是我当时兴之所至，临时发挥的。"操琴尚且如此，老师上课的评价语更应是自然地流露！一个尊重学生、欣赏学生、思维较为敏捷的老师会应付自如地说出得体的评价语。

"你真棒"、"你真好"之类的话可以说，但总是这么说，就空了。"棒"在哪里？"好"在何处？这样说就有"实指性"了：

——你写的字真棒！有点柳体的味道。

——你朗读得真好！正确、流利，一点错误都没有。

——我很欣赏你朗读的语气，就像说话那么自然！

——你居然会正确地使用分号，说明你头脑很清晰！

——你的手风琴独奏《打虎上山》节奏很好，轻重快慢处理得好。

——你妈妈说，你在家里很能干，房间都是自己整理。

实指性越强，学生越听得明白，激励性就越大。

顺便说一下，我为什么主张批改作文多眉批、少总批？就是因为眉批的实指性强，总批往往流于空泛。

3. 引领性原则。顾名思义，"引领性"就是激励的话要对学生起引领、导向的作用。

例如，我想让学生在说话、习作中学会"引用"这种修辞方法，于是，我先运用例文，告诉学生什么叫"引用"以及"引用"的作用；然后提示大家在课外阅读中关注"引用"，并搜集例句、例段；接下来找时间进行交流，在交流中进一步体会"引用"的表达作用，以及作者是在什么情况下"引用"的；进而，倡导学生在习作中尝试"引用"。在习作中，凡是"引用"恰当的，一一表扬。这种表扬，就有引领、导向的作用。一个学期下来，多数学生掌握了"引用"这种修辞方法。

激励要着眼于育人："虽然朱雷的发言是反驳李挺的，但李挺一直在平静地听，有君子之风。""虽然这次刘卓薇落选了，有人还对她说是老师偏向才使她没评上优秀学生，可是她——大家看她的表情——始终是微笑着的。她的名字改为'刘卓微笑'更合适！""我真感谢我们的语文科代表，每次收的作业本，他都为我翻好——翻到该改的那一页，费了他的时间，却省了我的时间。""大家看看韩玉慧改的同桌作文，任何一个错字都逃不出她的眼睛，任何一个优点——哪怕一个词用得好——她都圈出来了，而且加了眉批。总批写得也比我好。这叫对别人负责。"多年以来，我要求我班学生作文写好后，同桌之间先互改（用铅笔），像老师那样改，然后再交给我改。学生改得真好！每次我总要表扬几个人。而学生们呢，也一次比一次改得认真。学生互改，收获的是能力，体验的是责任。我改得再细，于学生何益？多数学生不看，只看一下等第就放到位洞（即课桌下面的抽屉洞）里了。

这样的激励语言，对全班学生都是一种引领——引领学生正确对待自己，正确对待别人，正确对待工作。

我经常对学生讲，读书的目的是为了"用"——晓理导行，学习语言，用以表达。为此，我更留心通过读书悄然发生变化的学生的表现。

一天，张超然的妈妈告诉我，近来，超然可听话了，只要一叫他，他就连忙答应，并来到大人跟前，问有什么事。让他做什么事，都不像以前那样迟迟不动。我听了很高兴，对他母亲说："这是学习《弟子规》的结果。《弟子规》中讲道：'父母呼，应勿缓。'《弟子规》不只是规劝小朋友的，不只是为小孩定的规矩，也是为所有人定的规矩。"

在班级里，我大讲特讲超然的可喜变化，最后送了他一句："你呀，超然众人矣！"

学生身边的榜样对学生的影响更大、更直接。身边的榜样释放出来的正能量，定会很快浸润到其他学生的心中。

教育没有惊天动地的大事，一切都在细枝末节里。正是这些细节潜移默化地影响着学生，引导着学生。

京剧界流行这样一句话："越细越有戏。"这句话同样适用于我们当老师的。

4. 及时与重复性原则。表扬、激励要及时，事情过去很久了，再去赞扬就失去了意义。如果说别的事可以拖一拖，那么赞扬不能拖。对突出的事迹、表现，还要重复赞美，而且要当众赞美。这样，会增强被赞美学生的荣誉感，对其他学生的示范、引领效果会更明显。

即时表扬最便当。

写字课上，遇到写得好的字——哪怕只有一个——我也会举起来让大家欣赏，并指出好在哪里。现在有了多媒体，把字放大，投映在大屏幕上让大家欣赏，效果更佳。

学生写作文时，一旦发现写得精彩的——哪怕准确、生动地运用了一个词语——我会立刻读给大家听。有时只是点名："某某的开头太新颖了。""某某的语言描写太生动了。"

这样的话，既有激励作用，又有鼓动、引领的作用。

还有一种重复性的赞美叫"赞不绝口"——经常说，反复说。

——安路，下午放学回家还为奶奶拉手风琴吗？孝顺啊！

——战松为奶奶打洗脚水、倒洗脚水，真让我感动。

——张明最近画什么了？你送我的那幅油画谁看了都说好！

——蔡苏，钢琴弹得怎么样了？争取过五级、六级！

类似的话，我几乎是挂在嘴边上的。

美国的伍尔本在《黄金阶梯：人生最重要的20件事》一书中写道，肯定别人是我们所能拥有的一个最有价值的技巧。肯定别人是容易的、有趣的，又会得到美好的结果。我们愈肯定别人，愈会从中得到益处。我们肯定学生的哪怕一点点的进步与长处，都会收获"美好的结果"。

5. 鼓动性原则。所谓"鼓动性"，就是说表扬、赞美要真诚、动情。轻描淡写、面无表情的鼓励与肯定，学生会不以为然，甚至不领情。什么是真诚的表扬，什么是随意说说，学生能听出来。我从来不敢把小学生当作小孩看待。

读三年级了，张斌的作文只能写三四行，相当于二年级的"写话"。有一次，虽然文章写得仍很短，但竟没出现一个错别字！这对他来说，已属不易。于是，我在班里表扬了他，说："如果下次作文，张斌还没有错别字，全班同学为他唱一首歌。至于唱什么歌，由张斌来点。"学生们热烈鼓掌，张斌激动不已。下课了，他还坐在椅子上埋头写。写完了，他把草稿递给我，说："于老师，您看有错别字吗？"经过我"审查"和指点过的作文，不但无错别字，而且内容也充实得多了！评讲时，我对全班同学说："咱们要言而有信，为张斌唱一首歌。张斌，你点吧！"全班同学拍着手，动情地为他唱了一首歌。从此，张斌每次作文都力求消灭错别字，并力求写得具体一点，通顺一点。

学生发表文章也好，各种比赛取得了名次也好，或者在方方面面有了突出表现也好，我都视为可庆可贺的大事，不但郑重地表扬，还要通知家长，把激励的作用发挥到最大。

鼓动性的大小、强弱，取决于老师的情——是否真情、动情、热情。

老师夸赞的话固然重要，但倘若无情，那话就是苍白的、冷冰冰的了。同样说"你真棒"，面无表情地说、冷漠地说和微笑着说、热情地说，给学生的感觉是迥然不同的。学生不但在乎老师说什么，更在乎老师说话的表情、语气。

四

我的激励手段灵活而多样。

最常用的是"语言激励"。简洁的激励语言，可谓"简便易行"，而且效果好，最能体现"实时性"。激励的话可以是几句，可以是一句，也可以来个"短平快"，只一字——"好"或者"棒"。至于说多少为好，说到什么分寸，要看当时的情境。

把学生的进步通报给家长，这种方式效果更好。可以打电话，也可以写纸条。写纸条胜于打电话。激励的话一旦变成文字，就更有分量，更显郑重，激励性也就更强。

贵家长：

  郑美荣一连三次默字都全对，而且字迹工整。这是个大进步！让我们一起分享她成功的喜悦。

          班主任

          ×月×日

贵家长：

  曹闯在人民商场拾到一个钱包，送到了校长室。包里有钱，还有重要证件。感谢你们教育出这么好的孩子！

          班主任

          ×月×日

贵家长：

热烈祝贺晓明的作文在《小学生作文》上发表！

班主任
×月×日

贵家长：

热烈祝贺小彪在校运会男子400米赛中荣获冠军！

班主任
×月×日

这样的纸条一般我都是放在封好的信封里。封，有一种神秘感和郑重感。

还有的，我故意不封，对学生说："请把信交给你的家长，你最好不看。"嘴里说"你最好不看"，其实心里是想让他看的，而且百分之百的学生会看。如：

贵家长：

这次期末考试，您的孩子一定会取得较好的成绩，我对他很有信心。家长不要对他施加压力，不要再布置别的作业。他现在很努力，数学进步尤快。

班主任
×月×日

有时候，我会请学生把好的作业，如写字、作文、美术、手工制作等带回家，里边夹上一张小纸条，上面写着："请家长欣赏！"

发奖状和奖品。我坚信奖状和奖品的巨大激励力量。我在班里经常举办各种名目（有时甚至是"巧立名目"）的比赛。如写字、背诵、朗读、默字、作文、读书、绘画、跳高、跳远、踢毽子、跳绳、掰手腕、钓鱼、爬山等，比赛结束便颁发奖状和奖品——书。

奖状和奖品，传递的绝对是"正能量"。

以上所做，真的是"举手之劳"，有的不费吹灰之力。

五

只要蹲下来看学生，只要牢记"没有差生，只有差异"这句话，就很容易发现每个学生的长处和闪光点。有时候，我甚至会为后进生"制造"闪光点。例如，作文时对他们略加指导，讲评时就会得到我的赞美；请他们为班级做点事，抓住这一点后，班会上就会得到我的表扬；对他们的朗读课前稍加辅导，课堂上他们的朗读就会给大家一个意外的惊喜……

心中有了爱意，表达爱意的激励理由总会有的。请他回答一个估计他能回答出来的问题，赞扬的理由不就有了吗？哪怕和他们说说话，多看他们一眼——亲切地，他们也会感到温暖，受到鼓舞。

同样褒奖的话，对张三可能起大作用，对李四的作用可能微乎其微（一点儿作用没有是不可能的）。但是，激励、期待的话只要能对一个人起作用，我就不放弃任何一个人。

第七章

把课上得有意思（上）

> 在可以预见的将来，课堂仍是学校教育的"主阵地"。把课上好，是老师的最重要的"看家本领"。有了这个"看家本领"，让学生不喜欢老师——难。

你要问别人（无论什么人）："你喜欢哪位老师？为什么？"在回答"为什么"时，几乎会众口一词："课上得好。"理论家千万别大惊小怪，说人们没有把"师德"放在首位。"上好课"（学生心中的"好课"），是老师的学生观、教学观、课程观、审美情趣、道德修养、艺术修养、知识能力等方面的综合体现。不单纯是一个技巧问题。况且，学生在学校里，每天和老师主要是在课堂上度过的，他们感受最多的是老师的课。人们张口便说"最喜欢课上得好的老师"就在情理之中了。我和我的同学为什么喜欢甚至崇拜张敬斋老师、李晓旭老师？就是因为他们的课上得好。在我们看来，二位老师已经和他们的课融为一体了——课即师，师即课。

在小时候的我的眼里，所谓"好课"，就是觉得"有意思"；在我学生的眼里，"好课"的标准也是"有意思"。你若问他们："于老师的课好在哪里？"他们准会异口同声地说："有意思！"把课上得有意思，是我毕生的追求。

何谓"有意思"？换言之，怎样教才有意思？

这一章，先说"阅读教学"。

一

教出"恍然大悟"来，有意思。

虽然我们强调"自主学习"、"重感悟"，但课文中有许多东西学生还是很难感悟出来的。这就需要老师的引导、点拨和讲解。一味地"放"和一味地"讲"，同样不可取。

先说阅读教学。

早先，有一篇课文叫《在仙台》，选自鲁迅先生的《藤野先生》。其中有这样一段：

过了一星期，大约是星期六，他使助手来叫我了。到得研究室，见他坐在人骨和许多单独的头骨中间，——他其时正在研究着头骨，后来有一篇论文在本校的杂志上发表出来。

"我的讲义，你能抄下来么？"他问。

"可以抄一点。"

"拿来我看！"

我交出所抄的讲义去，他收下了，第二三天便还我，并且说，此后每一星期要送给他看一回。我拿下来打开看时，很吃了一惊，同时也感到一种不安和感激。原来我的讲义已经从头到末，都用红笔添改过了，不但增加了许多脱漏的地方，连文法的错误，也都一一订正。这样一直继续到教完了他所担任的功课：骨学，血管学，神经学。

下面是我教这节课的课堂实录：

（师指名读。生读完第一自然段，师板书"星期六"，并说了一句："为什么要交代是'星期六'呢？"然后生接着往下读。学生读完鲁迅先生和藤野先生的对话后，叫停。小黑板出示了师生二人的对话——）

"我的讲义，你能抄下来么？"他问。

"可以抄下来。"

"拿来我看！"

师：大家练一练，看谁能把他们的语气读出来。（全体学生练习。指名读。该生把"拿来我看"一句读得很严厉）

师：你为什么语气这么严厉？

生："看"后面是个叹号，所以——

师：（笑）所以你就读得很严厉，是吗？（生笑）如果藤野先生这么严厉，鲁迅恐怕就很难尊敬他，怀念他了。看我读读好吗？——大家把书本放下，看于老师读，注意我的语气和表情。

（师范读。读"拿来我看"一句时，语气是命令式的，必须给，不给不行，但表情是和蔼的，略带微笑。学生鼓掌）

师：读人物对话，一定不要忘了人物的身份、人物的思想感情。大家都练读一下，看谁体会得更好。

（学生饶有趣味地练读。指名读。学生体会好了，入情了，读得就和刚才不一样了。接着，师又指名读最后一个自然段。生读时，师板书"第二三天便还我"和"一直"）

师：藤野先生如果第二天上午便把讲义还给了鲁迅，那他最迟是什么时候批改的？

生：（略一思考）最迟是星期六晚上改的。

师：你怎么知道的？

生：因为第一自然段交代了，鲁迅是星期六把抄的讲义拿给藤野先生的。

师：（点头赞许）请你再考虑，如果是第三天还给的，那藤野先生最迟是什么时候批改的？

生：星期天改的。

师：（非常高兴）理解得好啊！同学们，不要忘了，星期六晚上和星期天老师该休息！而且藤野先生改得那么仔细、那么认真，一直坚持到他教完所有的课程。藤野先生是个怎样的人，还要说吗？鲁迅为什么开头要交代一下是"星期六"？为什么要说明"第二三天便还我"？一切都在字里行间，要我们去琢磨。读书一定要前后联系，认真思考，思考才能读出味道来。大家再把这个故事读一读，细心地去体会。（全体学生动情地自由读）

备课时我就想："过了一个星期"，已经有了时间的交代，为什么还要加上一句"大约是星期六"？看到第五自然段的"第二三天便还我"，目光停在"二三"上，明白了！如第二天"还"，是星期几？星期天。最迟什么时候改的？星期六晚上！如第三天"还"，是星期几？星期一。最迟什么时候改的？星期天！而且改得那么经心！这且不算，还要鲁迅"每个星期"都送来检查，一直坚持到藤野先生的课程全部授完！如果我们引导学生去细读每个文字，从中体会藤野先生是一个怎样的老师，不比干巴巴地贴上一个"没有民族主义偏见"的标签要好得多吗？而且能从中感悟作者前后照应的表达技巧，学会联系上下文理解课文的方法。

六年级的学生毕竟大了。我每次这样引导、点拨，学生都会有"拨云见日"的感觉，脸上会洋溢出那种"恍然大悟"的异样神情。

下面是我执教《林冲棒打洪教头》的一个片段。

师：咱们读书要读懂文字背后的东西，我们要学会思考，学会品味。五年级了，应该有这个本事。林冲作为梁山一百单八将中的五虎上将之一，作为八十万禁军教头，他的为人、他的人品（板书"为人、人品"）究竟怎么样？他到底哪里非他人能比？仅仅武功高强，仅仅有礼貌，不一定算得英雄。于老师备课的时候，读出一个字，林冲的人品最可贵的一点，用一个字就可以概括。我把读出的这个字，写在手心上（借学生的钢笔在手心上写字），请你们仔仔细细读课文，看看你们能不能把林冲的为人、他的人品，用一个字概括出来，看看咱们写的是否一样。（生默读全文）

师：大多数同学第一遍读完了。书放下。从头到尾地读过之后，要抓住重点段读。第1—3自然段比较起来，你认为哪段重要？

生：第3自然段重要。

师：对，第3自然段重要。第4—6自然段比较起来，哪段重要？

生：第4自然段。

师：第7、8自然段不要说了，第7自然段重要。总体读后，要抓住重点段。请好好地读一读第3、4、7自然段。读重点段的时候，要做记号——哪些写林冲的词语最重要，把它们画下来。通过这些词语去思考林冲的为人。先默读第3自然段。

（生默读做记号）

师：你叫什么名字？

生：李硕。

师：李硕请站起来。（拿起李硕的书，举起来让其他同学看）李硕在读第3自然段的时候，用着重号画了两个词。

（指另一个学生）你念念，他画的是哪两个词？

生：躬身施礼、起身让座。

师：（展示李硕的书）这就是李硕读书时做的记号。大家继续往下看，关注林冲的言行，学会做记号。

师：请你站起来。叫什么名字？

生：王有山。

师：（拿起王有山的书让另一个学生说）请你告诉我，第3自然段他画了哪些词语？

生：不敢，不敢。

师：（举书）林冲说的"不敢，不敢"他加了着重号。这四个字说明好多问题啊。往下读，看第4、7自然段。第7自然段，有一个词，非常难找，一般人发现不了，但咱们班的同学肯定行，你们都有一双善于发现的眼睛，都会思考。先说第4自然段画的什么词语？

生："只好"和"请教了"。

师：这两个词语很值得我们思考。第7自然段有个词最能说明林冲的为人，好好找找。

（师巡视）

师：哦，"大将"画出来了。请站起来，把你画的那个词告诉大家。（称上课表现最好的一位学生为"大将"）

"大将"：扫。

师：当林冲还手的时候，只是抢起棒来一扫。林冲是个什么样的人呢？一个"扫"字多么清楚地展现在我们面前啊！我们就这么读书：整篇地读，抓住重点段去读，抓住关键词语去品味。读到这里，我想，林冲是个什么样的人，他的人品、他的为人，究竟哪点非他人能比，你们一定读出来了。用一个字来概括林冲，如果你也读出来一个字，拿准了，请你把这个字也写在手心上，看写的和我一样不一样。

（生在手心上写字。师巡视。但还有不少人没看出来）

师：没看出来的同学再读书，再思考。请你站起来读第3自然段。（对全体学生）大家边看、边听、边想。

（生读）

师：眼睛盯着"起身让座"、"躬身施礼"想一想。

（生继续往下读）

师：林冲连说："不敢，不敢。"你看，洪教头蛮横无理，目中无人，出口伤人，要跟林冲比武，林冲却连说"不敢，不敢"。眼睛盯着"不敢，不敢"，想。

（指名读第4自然段）

师：林冲只好拿起一条棒，还说了一句话"请教了"。看，林冲是个怎样的人啊？谁来读第7自然段？

（生读，读到洪教头"使出个'把火烧天'的招式"）

师：棒高高地举起啊！"把火烧天"呀！是要进攻！是进攻的架势！

（生继续读，读到"拨草寻蛇"）

师：什么叫"拨草寻蛇"？就是把棒一横，是准备招架，是防守的架势。往下读。

（生继续读，读到洪教头"劈头打来"）

师：注意这个词"劈头打来"，是照死里打呀！

（生继续读，读到林冲"抢起棒一扫"）

师：一个照死里打，一个只是抢起棒一扫，林冲的为人看出来了吗？把你看出来的字写在手心上。

（师一一察看，并请同学们说说写的什么字。生分别写了"谦"、"礼"、"忍"、"让"。师都给予肯定。最后师把写在手心上的字亮了出来——让！十几个写"让"字的学生十分高兴）

师：同学们，林冲的人品，他的为人，最突出的一点是一个"让"字。（板书"让"）"让"是最高度概括。细细地品味起来，还有许多不同的"让"。谁能站起来读第3自然段的前五句？读慢一点。

（生一边读，师一边板书"躬身施礼、起身让座"）

师：当洪教头进来的时候，林冲连忙躬身施礼；当他知道洪教头的身份后，起身让座。本来林冲坐在上首，最尊贵的客人坐的地方，但他主动把这个位子让给了洪教头。这叫什么"让"？

生：让座。

师：躬身施礼、起身让座。这是什么"让"？不要想得太复杂。

生：礼让。

师：掌声送给这位同学！（生鼓掌，师板书"礼让"）这是礼让，多有礼貌啊。林冲多么彬彬有礼啊！所以同学们写"礼"也是有道理的。再往下读。

（生读，师板书"不敢，不敢"）

师：当洪教头提出要跟林冲较量的时候，林冲连说"不敢，不敢"。洪教头出言不逊，恶语伤人，侮辱了林冲的人格，伤害了他的自尊。如果换一个人，早就跳将起来，一脚把桌子给踢翻了，但是林冲连说——

生：不敢，不敢。

师：他难道不生气？不愤怒？堂堂七尺男儿，堂堂的英雄好汉，他不怒不气？不是的。他记住一句话，退一步天地宽。这是什么"让"？

生：退让。

生：忍让。

师：掌声送给他。"忍让"。看"忍"这个字怎么写的，我们的祖先怎么造这个字的。（板书"忍让"）心上面插了一把锋利的刀，这叫"忍"！同学们，洪教头傲慢无礼，出口伤人，把林冲骂得狗血喷头，但是他竟不动声色，连说"不敢，不敢"，这是何等的胸怀，何等的肚量！如果说礼让容易做到，那么做到忍让就很难，因为忍让需要高修养，没有高修养的人是很难做到这一点的。忍之于心，让之于外。这时的忍就是让，让就是忍。因为心里忍了，才有"不敢，不敢"的让的表现。所以说能读出"忍"字的同学很了不起！这就是林冲。往下读第 4 自然段。

（生读，师板书"只好、请教了"）

师：洪教头自以为了不起，气势汹汹地拿起一条棒来，喝道："来！来！"林冲——

生：林冲只好也从地上拿起一条棒来说："请教了。"

师：从"只好"这个词当中你体会出了什么？

生：有点"迫不得已"的意思。

生：被逼无奈。

师：唉，被逼无奈，无可奈何，而且说了一句话——

生：请教了。

师：难道林冲真的要向他请教吗？他是堂堂的八十万禁军教头啊！从这两个词语当中你看出了这是什么"让"？

生：谦让

师：这才叫谦让！（板书"谦让"）

师：这就是林冲，谦谦君子，文质彬彬，不但武功高强，而且有很高的文化修养，可以说是文武双全。所以我说，写"谦"字也是有道理的。再往下读第 7 自然段。刚才画了哪一个字？

生：扫。

师：你对这个"扫"字是怎么理解的？什么叫"扫"？怎么打叫"扫"？看到"扫"字，你立刻想到了什么？

生：想到了扫地。

师：那么，什么叫"抡起棒一扫"？

生：在离地面很近的空中画一个弧。

师：说得正确，不过有点玄。这个"弧"可难画呀！（众笑）不要把简单的问题说复杂了。（大屏幕展示林冲"扫"的画面）看，这就是"扫"的一刹那的情景。棒怎样抡过去就叫"扫"？

生：就是把棒贴着地面抡过去。

师：对了！从"扫"这个动作当中你看出了什么？林冲为什么不劈头照死里打，而是贴着地面抡过去？从这个"扫"字你读懂了什么？

生：我发现他很让洪教头。

生：他没照死里打。

师：对！贴着地面扫过去，如果对方机警的话，很容易就躲过去。即使被打着了，打的也不是——

生：要害。

师：对，即使被打着了，也不是要害部位，不会伤他的性命。你看，一个劈头打，一个照脚上打。再看，"扫"的力量如何？根据在哪里？

生：打得很轻。我从"灰溜溜地走开了"这句话看出来的。

师：为什么从这一句话能够看出打得不重呢？

生：因为他还能走路。

师：还能爬起来走路，可见打得——

生：很轻。

师：掌声送给他！读书要注意前后联系。前后联系，才能读懂它。

师：你看，既然洪教头能够爬起来走路，可见打得不重。如果稍微使点劲的话，小腿骨就被打断了。从这个"扫"字看出林冲的为人怎么样？这又是什么"让"？谁想好了就趴到我耳朵旁边说给我听。

（俯身让学生趴在自己耳朵旁小声说，一连听了五六个学生说）

师：到目前为止，还没有一个说对的。再默读，思考。

（默读之后，师俯身问一生："这叫什么'让'？小声告诉我。"生耳语。师甚为高兴，叫他大声说）

生：宽让！

师：掌声送给他！（生鼓掌）这是宽让！（板书"宽让"）一起读——

生：宽让。

师：这是宽让！同学们，如果说忍让很难，那么宽让就更难，难上加难。宽让，需要高尚的道德。没有高尚道德的人很难做到这一点。所以我们说林冲是真男子、真英雄、真好汉。尽管洪教头盛气凌人，目空一切，尽管洪教头把他骂得狗血喷头、照死里打，林冲还是手下留情，放他一马。这就是林冲。记住，带着思考读书。为什么人们如此推崇林冲，为什么一个"让"字那么重要？读了《论语》中的一段话你们就知道了。（大屏幕展示）

子禽问于子贡曰："夫子至于是邦也，必闻其政，求之与？抑与之与？"子贡曰："夫子温、良、恭、俭、让以得之。"

——《论语》

师：孔子有五大美德——温、良、恭、俭、让，他温和、善良、做事认真、生活俭朴、襟怀宽广。温、良、恭、俭、让也是中华民族的传统美德。一个"让"字在林冲的身上体现得非常充分。这才是林冲高于他人之处。

别人从这篇课文中读出一个"忍"字，我却读出了一个"让"字。"让"是大智慧，是高尚的道德！

在这种近乎游戏的教学过程中，学生兴致盎然，神情专注，潜心领会文本，不仅留下了人文的精神财富，也留下了语言和能力。

准确地把握教材，教出"恍然大悟"来，这样的课学生怎么能不喜欢呢？

再说词语教学。

词语教学也能教出"恍然大悟"来。下面请看我教"眸子"的教学片段。（"眸子"是五年级《爱如茉莉》里的一个词语）

师："眸子"是什么意思？

生：眼睛。

师：对，作者"触到了妈妈一双清醒含笑的眸子"，就是目光碰到了妈妈的眼睛。（师在"眸"下加一个点）"眸"的本意是什么？

生：是不是黑眼球？

师：（笑着说）离"眸"不远了。

生：是不是瞳孔？

师：是的。瞳孔也叫瞳仁。你们知道是哪个 rén 吗？

生：单人旁，加个"二"。

师：（板书"仁"）对。"仁"还可以写成哪个字？读书多的人，肯定知道。

生：还可以写成一撇一捺的"人"字。

师：不错！（板书"人"）为什么人们又把"仁"字写成"人"字呢？没有知道的？（师请两位小女孩走到讲台前，让她们对视，看看对方瞳孔里有什么。）

女生1：她瞳孔里有个人。

师：谁？

女生1：我。

师：（对另一女生）在她的瞳孔里你看到了谁？

女生2：也看到了我。

师：你们二位都是人，对吧？（两女生和全班学生笑了）因为瞳孔能照出人影来，所以人们又把它（指黑板上的"人"字）写作"瞳人"。

师：谁能用"眸"组词？

生：凝眸远望。（师表演"凝眸远望"，众笑）

生：明眸皓齿。

师：是说人的眼睛明亮有神，牙齿洁白发光。（说完，师把眼睛睁大，露出牙齿。众笑）

生：回眸一笑。

师：这个词语出自哪里？

生：《长恨歌》。

师：诗中怎么写的？

生："回眸一笑百媚生。"

师：下一句呢？

生：……

师："六宫粉黛无颜色。"对不？谁能对我"回眸一笑"？

（一男生举起手来）

师：（笑着说）"回眸一笑百媚生"，这个词是形容杨贵妃的，所以它只能用在女孩子、姑娘身上；不能用在我身上，也不能用在你们男生身上，即使你们笑得很灿烂。（众笑）

（请一女生上台对师"回眸一笑"，师又示范，很传神。众大笑）

师：（笑着对男生说）我是在学女孩子的，"回眸一笑"可别用在我身上呀！（众笑）

如果只是告诉学生，"眸子"就是"眼睛"，似乎谁也说不出什么。但，这样教，是不是少了点内涵和味道？是不是少了点活泼和情趣？至少"眸子"的本义要告诉学生，否则这个词语的教学就不到位。

再看写字教学。

写字教学同样能教出"恍然大悟"来。别说学生，就连我的徒弟在书写方面也常常被我说得一愣一愣的。

有一位徒弟指导学生写"奉"（《圆明园的毁灭》一课中要写的一个生字）。他在黑板上一写，便露了"马脚"——备课时他没认真描红、临帖。

课后，我请他看看书上的范字"奉"，看看"春字头"的撇、捺在哪儿起笔，到哪儿收笔。

奉

他一看，恍然大悟：原来这一撇一捺要写长！他"撇"得不到位，"捺"得不到位！我对他说："'春字头'的撇、捺最要紧，宁长勿短，写春、泰、秦等字，都要注意这一点。撇、捺短了，这些字便没有了精神，看起来窝憋。虽然说宁长勿短，但长也要有度，'不过'、'无不及'才好。"

我一番"宏论"，说得徒弟直点头。

我执教《祖父的园子》，指导学生写"帽"字的时候，不仅使学生，也使不少老师"恍然大悟"。不少老师对我说："要不是您今天的指点，这个字我恐怕要错一辈子了。"

请看"帽"字的楷书。

帽

我在十几个班上过《祖父的园子》，大约请了30位学生到黑板上听写这个字，写对的，寥寥无几。错在哪里呢？错在"帽"字右上部分。右上部不是"日"，也不是"曰"，而是"冃"。里边的两横，不和两边相连。"冃"读mào，古"帽"字，是个象形字。"冕"字上边也是"冃"，因为"冕"是古代大夫以上的官员戴的帽子，后来专指皇帝戴的帽子。指导写"帽"字的时候，我还顺便讲了"帽"字的演变过程——最早的"帽"字是"冃"，是个象形字；后来变成"冒"，说帽子戴在眼睛上面（也有说"目"代表头，帽子戴在头上），成了会意字。"帽"本来指古人头上扎的头巾，后来被"借"走了，无论戴什么帽子，统统都用"帽"字了。"冒"的本义便没有了。"冃"更可怜，连个独体字都不是了，成了字的一个偏旁。本来它还是一个部首，现在也被"曰"取代了，其实这是不对的。

细究起来，每个字的书写都有值得提醒学生注意的地方。请看"系"

和"多"的楷书。

系　多

"系"字的第一笔是横撇（也叫卧撇），一定要写得平一些。下面第一个"撇折"要写小，第二个"撇折"则要写大。

"多"字的第二个"夕"的"撇"在哪儿起笔？是在第一个"夕"字的"点儿"的下方稍高处起笔。如不提醒，多数学生都会起笔高，这样写出来的"多"，就成了罗锅儿了。

还有"女字旁"，写规范的人也不多。请看下边带"女字旁"的字。

妈　嫌　奶　娥　嫣

"女字旁"的第一笔"撇点"要高起笔，"点"要写短。为什么要写短？为了给右边的部分让出地方，在书法上，这叫"避让"。我对学生说："这样的女字，既苗条好看，又具有避让的美德，多么美呀！"

学生会心一笑，便饶有兴趣地练写。

看，写字是不是也能教出"恍然大悟"来？这样的例子几乎每课都有。

字，一开始就要写得规矩，按楷书的要求去写，在此基础上的"重复"，才有意义。如果一开始没写好，重复的遍数越多越糟糕，因为重复的是错误，强化的是不规范。

不断地教出"恍然大悟"来，学生就会有悟性，有灵性，不至于把学生教"死"，教傻。这样教，学生就不会觉得学语文索然无味，就会对语文——乃至对其他学科——产生浓厚的探究兴趣。

二

朗读好了，有意思。

我对朗读几乎到了迷信的地步。早年喜欢葛兰、夏青等人的朗读（我刚参加工作时，学校里有许多他们灌制的唱片），他们读的《草地夜行》《卖火柴的小女孩》等课文百听不厌，还喜欢听电台播出的小说朗读和评书。有了电视之后，则喜欢听、看电视台播出的"电视散文"。总觉得那是一种享受，"说的"真比"唱的"好听。自己也喜欢读，特别是做了小学语文老师之后。我备课必先备"朗读"，上课必定朗读。窃以为，把课文朗读好了，什么语言呀，理解呀，情感呀，语感呀，表达呀……都有了。讲解呢，最多能让学生"知道"。学生喜欢我的课的一个重要原因，是我"朗读得好"（学生语）。著名小学语文教育专家周一贯先生不止一次地说："听了于永正的朗读，至少可以少讲三分之一！"从朗读的作用上讲，这话我完全赞同。如果我朗读得更好一点，周先生一定会说："听了于永正的朗读，甚至可以不讲。"

我的朗读能力一半是听来的，一半是跟着老师、播音员练出来的。听别人读非常重要。然后跟着模仿，一句一句地学。模仿到一定程度，他们的语气、语调乃至情感，便化而为自己的了。再加上备课时认真的练习，所以朗读水平日渐提高。

老实说，自从读了张颂先生写的《朗读学》，我的朗读才由"必然王国"走进了"自由王国"。最初是1987年读的，2004年重读，这次读得较仔细，有了许多新的感悟。这次读，又坚定了我的信念——语文教学一定要十分重视朗读。此后不久，大致是2006年，我又读了美国作家吉姆·崔利斯写的《朗读手册》。读完之后，我对朗读的作用更加深信不疑。读了这两本书，对朗读，我能道出个一二三来了，之前，只是"跟着感觉走"。

朗读是一门艺术。任何一门艺术都有它的自身规律。朗读亦然。读了《朗读学》，我才知道朗读的四大技巧——停连、重音、语气和节奏，才明白什么是朗读的"王牌"，为什么"朗读学"可以称为"语气学"。用《朗读学》的理论"武装"起来以后，我拿到一篇课文，很快便会进入"状态"，具备了"见文生情"的本领。

在我的语文教学中，"范读"是不可缺少的环节。袁微子先生说过：

"示范就是指导。"教低年级，多是我先读；到了中高年级，一般情况下先让学生尝试读，然后再范读。文学性课文全文范读，其他文体的课文，有的读全文，有的读其中一部分。不同文体的课文有不同的朗读要求，示范也是不可缺少的。低年级不但范读，还领读——我读一句学生跟着读一句，我读一个自然段，学生跟着读一个自然段，让学生一开始就走"正路"，避免出现"娇柔造作"、"拿腔捏调"的现象。

和写字一样，一开始就要让学生读正确，语气连贯、自然。不要让学生重复错误。

有人研究，如果学生能够正确、流利、有感情地把一篇课文朗读下来，课文的规范语言就基本上属于他了。学生学习课文，归根结底，是学语言、用语言的。既然朗读能学得语言，我们就没有任何理由忽视朗读，不能因为"应试"，把朗读边缘化，更不要说朗读可以启发学生想象、启迪他们的智慧了。

那么，怎样朗读才能走进课文情感的深处，才能感动学生，让学生感到有意思呢？

1. 语气自然。"朗读要像说话那么自然。"（叶圣陶语）不要拿腔捏调，不要顿读、唱读，要让学生听得舒服。准确把握课文中人物对话的语气更重要，我力求做到"读谁像谁"，只有把人物"读活"，才能让学生进入人物的内心，才能理解人物，才能感染学生。备朗读时，我将把握人物的内心、读出不同人物说话的语气作为重中之重，认真揣摩，反复练习，有时和同事们一起研究、一起切磋。

我从教学实践中体会到，为小学生朗读，语气要略带夸张，同时要配以适当的表情和动作。为低年级小朋友朗读，我常常让他们放下书，"看"老师读，因为肢体语言同样能表情达意。有声语言和肢体语言配合得当，能收到很好的表达效果和视听效果。

有人说，朗读学就是语气学。读出恰当的语气，读不同人物说话的语气，至关重要。只要教师反复揣摩、反复练习，定会修炼出"见文生情"的真功夫。

2. 把握课文的朗读节奏。每篇课文都有它的感情基调，或喜或悲，或明快或低沉，等等。感情是有变化的，这就要求我们把握节奏，读出变化。首先，要注意停连。停是停顿。题目读完了要停顿，读到句号要停顿，自然段之间停的时间要比句号稍长一些。但，有的句号要当逗号读，这叫"连"，也有逗号当句号读，有的没有标点，要当作有标点读，这都要视"情"而定。停连是一种变化。其次，要关注重音。凡是作者要强调的词语，要重读。我个人认为，句子中的谓语、定语、状语要重读，尤其是动词，要读得实在，读出"动感"。读出轻重也是一种变化。

停连、重音等把握准了之后，接下来就要考虑这篇课文的节奏——哪里高，哪里低；哪里疾，哪里徐；哪里实，哪里虚；哪里明快，哪里低沉，等等。总而言之，不能"一腔到底"，"一个速度到底"。艺术求变。节奏的变化，说到底，是语气的变化。

作为声腔艺术的朗读，有些东西很难用文字描述清楚。好多东西，我是听来的，从评书演员、京剧演员、电台的小说朗读那里学来的，是自己在实践中感悟出来的。我朗读《林冲棒打洪教头》里洪教头说的话，得益于京剧演员的道白，我朗读《猪八戒吃西瓜》里的猪八戒、孙悟空说的话，得益于电视剧《西游记》。

因此，老师们一定要多听、多模仿。语文学习，许多方面都是从模仿开始的。儿童如此，大人也不例外。

千万不要把朗读边缘化。老师朗读得好，学生一定喜欢语文课。学生把课文朗读好了，一定会给他们留下情感，留下语感，留下语言，留下悟性和灵性，不至于把学生教得木讷。

三

轻松的课堂有意思。

浙江的徒弟张芬英每次听完我的课都说："于老师，听您的课很轻松。您很轻松，学生很轻松，我们听课的老师也很轻松，一点都不累。"其他老师也有这样说的。把课上得轻松一点，让学生有愉悦感，也是我一贯的追求。在轻松、愉悦的氛围中学习，效率高、效果好，这是笃定的。

"轻松"来自哪里？

● 轻松来自老师的"举重若轻"。

我备课时，可能把课文钻得很深，想得很多，但到了课堂上，我不会一股脑儿把备课所得"灌"给学生，更不会硬要学生往老师的"预设"的答案上"靠"。备课时，每一个问题的提出，我都先站在学生的角度思考：这个问题，一年级的小朋友能回答出来吗？这个问题五年级的学生能回答出来吗？

老师一定要研究学情。借用理论家的话来说，就是要考虑学生的"解读先结构"（也有说"期待视野"的，大概都是从外文硬译过来的）。说明白了，就是教学一定要从学生的实际出发，充分考虑学生的年龄、知识水平、认知能力、思维能力、审美情趣、生活经验等。老师的讲解、新知识的传授，如果和学生的"解读先结构"有相似之处，学生接受起来就容易得多。

有这样一个故事：有一位年轻的人口普查员问一位老太太："您有配偶吗？"老太太愣了半天，反问道："什么藕？"这位普查员就没有考虑这位老太太的"解读先结构"。在老太太的"知识储备"里有"藕"的知识，所以才问"什么藕"。

周恩来总理显然高明。1954 年日内瓦会议期间，我国大使馆要为外国朋友放越剧片《梁祝》。工作人员写了请柬，还附了十几页的说明。周总理看了以后，建议只在请柬上写一句话："请您欣赏一部彩色歌舞电影——《中国的罗密欧与朱丽叶》。"周总理的高明就在于他巧妙地找到了表达内容与交流对象（外国朋友）的文化背景和理解基础之间的相似连接的契合点。

我们的教学更要研究教学对象——学生，要研究学生的基础状况。第斯多惠说："学生的发展水平是教学的出发点，教学必须符合受教育学生的发展水平。"他说的"学生的发展水平",即理论家说的"解读先结构"。

如果有些问题虽然难,但确实有必要让学生明白、知道,我有两个办法:一是直截了当地告诉;二是在"引导"上做好文章。

《狐狸和乌鸦》的寓意是不能听奉承话。这对于低年级的小朋友来说,理解起来有相当的难度,即便"心里有",也难以说出来,因为他们的"语言仓库"里,不可能有"奉承"这个词。于是,我采取了"续说故事"的办法,让小朋友去体悟。请看下面一段教学实录:

　　师:上一节课,有的小朋友说,一看到"乌鸦"这两个字就想起了一年级学的"乌鸦喝水"的故事。是啊,乌鸦多聪明啊,她今天怎么能上当了呢?她看到狐狸钻进洞里,会怎么想呢?

　　生:她会想:"你这个狡猾的狐狸!坏透了!"

　　生:她会想:"唉,我怎么会上他的当呢?我再也不能光听好话了。"

　　师:乌鸦一定会这样想的。狐狸说的这些"好听的话",叫"奉承话"。(在黑板上板书"奉承"二字,并让学生读了两遍)爱听奉承话的人,容易上当。谁能在课题上的狐狸和乌鸦的前面各加上一个词?——什么样的狐狸,什么样的乌鸦?

　　生:狡猾的狐狸,爱听奉承话的乌鸦。

(师板书"狡猾、奉承")

　　师:你们想对狐狸和乌鸦说点什么吗?想一想,想好了再说。

　　生:乌鸦,你今后再也不要听奉承的话了。

　　生:乌鸦,你这么聪明,怎么能上当呢?

　　生:狐狸,你太坏了,怎么能骗人家的肉呢?

　　师:是呀,俗话说,远亲不如近邻,邻里之间要和睦相处,互相帮助,狐狸这个家伙怎么能这样做呀!太缺德了!(笑声)

　　生:狐狸,你这么狡猾,还有什么脸出来见乌鸦呀!

师：是呀，谁愿意和他做邻居呀！

生：狐狸你想吃肉，自己去找，你干吗骗人家的呢？

师：是呀，要诚实劳动才对。——就说这些吧，愿乌鸦和狐狸能听我们的劝告。

这样教，很有情趣，没有"说教"之嫌。我把"奉承"二字板书在黑板上也没有"贴标签"的感觉。

史铁生写的《秋天的怀念》感人至深。它的主旨是怀念母亲、赞美母爱的。母爱是什么？通过对课文的研读，我读出了"母爱是一堆细节"。进而我再研读每个细节，体悟出每个细节所折射出来的母爱的光辉。那么，我在教学中是怎样引导学生体会的呢？请看下面的教学片段：

师：作家史铁生正是通过一个个细节来描写伟大的母爱。细节往往是不起眼的，但是，细节决定一切，大家千万不要忽视细节。请你们再仔细品味这一个个的细节，眼睛盯着这些描写细节的词语，仔细想一想：母爱究竟是什么？

（生凝神默思）

[聚焦"躲"]

师：史铁生把家里的东西破坏了，母亲为什么不制止儿子，反而躲出去？透过这个"躲"你想到了什么？看出了什么？

生：我看出了母亲非常了解儿子。

师："了解儿子"，说得不错，谁能用一个更准确的词语？

生：理解儿子。

师：说得好！母亲理解儿子！面对此情此景，母亲会怎样想？怎么理解他？

生：母亲会想，儿子双腿瘫痪了，随他一点，他需要发泄。

师：保留"泄"字，谁能换个更确切的词？

生：宣泄。

师：好！这就叫用词准确。如果没有宣泄，他可能会发疯了。一个"躲"字，让我们看出了母爱是什么？就是你们刚说的，是理解！没有理解，就没有真正的爱。泰戈尔说过："爱是理解的别名。"

[聚焦"挡"]

师：有一天，史铁生站在窗前，看树叶"唰唰啦啦"地飘落。母亲挡在窗前，不让儿子看，为什么？史铁生看着这落叶，他会想什么？

生1：他会想到自己就像那些落叶一样。

生2：他会觉得自己很绝望。

生3：他会想自己像叶子一样，从嫩绿到枯黄，从枯黄到落地。

生4：他会认为自己的生命也像树叶一样，很短暂。

师：一片树叶黄了，落下来了，就意味着一个生命的结束。古人说："自古逢秋悲寂寥。"到了秋天，人就感到难过、悲伤。"一声梧叶一声秋，一点芭蕉一点愁。"身有残疾的史铁生面对这"无边落木萧萧下"的情景，他一定想到了自己，他会感到凄凉、悲怆，甚至于绝望。母亲这一"挡"，告诉我们——母爱是什么？

生：母爱就是一个动作，一个不起眼的动作。

生：这个"挡"，就是不让儿子看到落叶失去信心。

师：这个动作是给儿子的——

生：这个动作是给儿子的一个希望。

师：挡住了绝望，给儿子一个希望。母爱就是呵护啊。

[聚焦"笑"]

（师略述文章情节：儿子脾气暴躁，对母亲的态度非常不好，可是母亲不但不生气，反而"笑"了）

师：一个"笑"字，看出什么？

生1：母亲能和儿子一起出去，她已经很满足了。

生2：她对儿子很宽容。

师：体会得真好，给点掌声！只有母亲才有这样的胸怀！儿子态度那么差，朝着母亲发脾气，她反而笑了。母爱是什么？母爱是宽容，只有母亲有这么博大的胸怀。

周一贯先生听了我执教的这一课后，说："这是于永正继古诗《草》之后的第二座阅读教学的里程碑。"那么，《草》这一课，我又是怎样教的呢？

古诗《草》是二年级的一篇课文。诗中的"一岁一枯荣"，比较难理解，"直译"当然可以，但少了语文的味道。我是这样处理的：

师：再看第二句"一岁一枯荣"。谁能用"岁"说一句话？

生：我今年8岁了。

生：我奶奶今年80岁了，还能做饭。

师：不简单！祝她健康长寿！

生：祝老师岁岁平安！（掌声）

生：祖国万岁！

师：小朋友刚才说的句子中都有"岁"字。第一个小朋友说，他今年8岁了，也就是说，他从生下来到现在几年了？

生：（齐声）8年了！

师：8岁是8年，1岁呢？

生：（齐声）1岁就是1年！

师：1岁就是1年，这不懂了吗？哎，一年有几个季节呀！

生：一年有四个季节：春、夏、秋、冬。

师：一年四季草有哪些变化呢？（用彩笔在黑板上画了一棵刚发芽的小草）

师：这是春天的小草。春天的小草怎么样？谁能看图说一说？

生：春天来了，小草发芽了。

生：春天来了，天气暖和了，小草发芽了。

生：春天来了，小草从地里探出了小脑袋。

师：说得太漂亮了！夏天呢？（又画了一棵长得茂盛的草）

生：夏天到了，天气很热，雨水很多，小草长得非常茂盛。

师：秋天到了，天气凉了，小草怎么样了呢？（在黑板上又画了一棵老叶发黄的草）

生：秋天到了，天气凉了，小草慢慢变黄了。

师："慢慢"一词用得好，小草变黄有个过程。冬天呢？（接着又画了一棵枯黄的草）

生：冬天，小草都冻死了，叶子变黄了。

生：到了冬天，小草叶子黄了，耷拉脑袋了。

师：（指着黑板上四季的草）小草一年当中，有两次明显的变化，谁看出来了？

生：一年当中，草绿一次，黄一次。

师：多聪明！

生：草，春天、夏天长得茂盛，到了秋天和冬天，就枯黄了。

师：小朋友这么聪明，我想一定知道"枯"和"荣"是什么意思了。（学生纷纷举手）不过，我不想让你们说。现在，我请一位小朋友到黑板前边来，看看"枯"该写在哪一幅图的下面，"荣"该写在哪幅图的下面，能写对，就说明他懂了。

（一位小朋友把"荣"写在夏天草的下面，把"枯"写在冬天草的下面。众赞叹）

师：写对了！请你说说"枯"、"荣"的意思。

生："荣"就是"茂盛"的意思，"枯"就是"黄了、干了"的意思。

师："一岁一枯荣"是什么意思？

生：就是一年当中，草茂盛一次，干枯一次。（众赞叹）

只几笔简笔画，就化抽象为具体、化难为易了。

有些太"重"的东西，讲了学生也未必听得懂的，就干脆不"举"了，放弃了。

有人说，教学要深入浅出。我完全赞同这个观点。深入深出不好，浅入浅出更糟糕。备课时，我在如何"浅出"上花的工夫，远比在"深入"上花的工夫多。"深入"而能"浅出"，就是我说的"举重若轻"。

● 轻松来自游戏。

人们常说，教学要"吃透两头"。"两头"乃教材和学生之谓也。学生这一头确实要研究。一要了解儿童的知识水平、知识能力、思维能力、审美水平、生活经验等这些所谓的"期待视野"，二要研究儿童的生活方式。

如果说"举重若轻"，要考虑儿童的"期待视野"，换言之，教学要从儿童认知的实际出发，那么研究儿童的生活方式，则是为了寻找适合小学生的学习方式。如果学习方式与儿童的生活方式有某些相似，就会取得理想的教学效果。

那么，儿童的生活方式是什么？一言以蔽之：儿童的生活方式是游戏。明代学者王守仁说："大抵童子之情，乐嬉戏而惮拘检，如草木之始萌芽，舒畅之则条达，摧挠之则衰萎。"课堂教学要顺应儿童的生活方式，尽可能地和他们的生活方式有某些相似。因此，在我的课堂上，我会时不时地与学生"游戏"一把，让课堂教学充满生机与情趣。现仅举几个教学片段。

下面是执教二年级《狐假虎威》的一个片段。

师：第四节狐狸说的一段话很难读。大家看看，怎样读，用什么样的语气读，才能把老虎蒙住。

（学生兴致勃勃地练习）

师：哪一位小朋友来读读？

生：（读）"老天爷派我来管理你们百兽，你吃了我，就是违抗了老天爷的命令。我看你有多大的胆子！"

（该生读的声音比较小）

师：大家说，声音这样小，能把老虎蒙住吗？谁再试一试？

（一男生读，声音大了）

师：读出点味来了，但还要注意表情。请大家把书放下，看于老师读。

（师用略带夸张的语气，配以适当的手势和表情，读得有声有色，学生发出了会心的笑声）

师：这样说，才能把老虎蒙住。大家都练习一遍。

（学生积极性高涨，全身心地投入）

师：谁站到前面来演一演？

（一男生走到讲台前演狐狸，师演老虎）

师：你想，老虎把狐狸你逮住了（说着，用一只手抓住该生的肩膀；众笑），你不能把老虎蒙住，可就没命了！（众笑）

（该生表演得很神气，说到"我看你有多大的胆子"一句时，还把脑袋晃了晃，蔑视了当老虎的老师一眼。众笑）

师：你胡说！我是森林之王！我又没到退休年龄，老天爷怎么不让我当大王了呢？你的话，我不信！

生：不信，我带你到森林深处走一趟，让你看看我的威风！（与此同时，还拍了一下自己的胸脯）

师：啊，这难道是真的？

（说完，"老虎"松开了手。众大笑）

再看一个二年级的口语交际课。这是节"游戏化"了的课堂。

（上课铃声一落，师挎着一只盛着水果和蔬菜的篮子走进教室）

班主任：于老师，您怎么挎着篮子来上课？

师：我家来了一位客人，买点东西准备中午回去招待一下。刚走到学校，上课铃响了，没来得及送到办公室。

生：于老师，我给您送到办公室去吧！

师：别！我正好用它来上说话课。

（学生睁大了眼睛，露出了新鲜、好奇并略带怀疑的目光）

师：小朋友，我家来了一位客人，他是医生。我买了些什么东西招待他呢？小朋友注意看。看看谁能说一说。

（师说完，把一捆韭菜、一捆苔菜、一把蒜苗、两只萝卜、七个苹果、八个橘子、两串香蕉一一拿出来，放在讲桌上）

生：于老师买了韭菜、苔菜、蒜苗、萝卜、苹果、橘子和香蕉招待客人。

生：于老师买了很多东西招待客人。有韭菜、苔菜、蒜苗、萝卜，还有苹果、橘子和香蕉。

师：请你们把每样东西的数量也说出来，就是说，有多少韭菜、多少苹果……

生：（走到讲桌前，看着说）于老师买了一捆韭菜、一捆苔菜、一把蒜苗、两只萝卜、七个苹果、八个橘子，两嘟噜香蕉招待客人。

生：应当说"两串香蕉"，不能说成"两嘟噜香蕉"。

师："两串"用得很好，但是说"两嘟噜"也可以，这是群众语言。下面，我要求大家不但说出各种东西的数量，还要说出它们的特点，比如，什么颜色啦，什么气味啦，什么形状啦……同位的同学先说一说，说的人可以站起来，一边看一边说。两个人说的时候声音不要太大。

（小朋友练习说）

师：大家说得很带劲！有的小朋友说得准确、生动。谁能到前边来说一说？

生：于老师买了一捆绿油油的韭菜，一捆绿油油的苔菜，一把细长的嫩蒜苗，两只青青的萝卜，七个红红的苹果，八个黄澄澄的橘子，两串香喷喷的香蕉招待客人。

生：韭菜是嫩绿的，不是绿油油的。

生：香蕉还可以说，两串弯弯的香蕉。

生：苹果还可以说，又圆又香的大苹果。

师：小朋友说得很好，"嫩绿"这个词用得准确。

师：小朋友，我到家后怎样用这些东西招待客人呢？

生：您回到家里，先把香蕉、橘子拿出来让客人吃，然后去洗菜做饭。

师：是的。那我怎么说呢？

生：您就说："大夫——"（笑声）

师：你怎么知道要喊客人"大夫"？

生：您不是说他是医生吗？——您就说，大夫，您先吃点橘子、香蕉，我去做饭，做好了，咱们就吃。（众笑）

师：你真懂事！这样吧，请你到前边来当于老师，我当客人，咱们试一试好吗？你想好该怎么说，要做什么。

生：大夫，您好！（说完伸出右手）

师：您好！（互相握手）下班了？（笑声）

生：下班了。您等急了吧？（说完，拿出一个橘子和一串香蕉）请您吃水果，我去做点菜，做好了，咱们喝酒！（众笑）

师：麻烦您了！不要搞得太复杂，简单点！（众大笑）

师：这位小朋友很会说话。下边请同位的同学一个当于老师，一个当大夫，照着刚才的样子说说。

（学生情绪非常高涨地练习）

师：好了，我回家就按同学说的去招待客人。

班主任：于老师，您买了那么多东西，盛在两只篮子里就好了。给！我的小提篮借给您用一下。（这是事先安排好的）

师：谢谢！哎，有了两只篮子该怎么装呢？谁愿意来帮我装？

生：我来帮您装！（他把韭菜、苔菜、萝卜和蒜苗放在一只篮子里，把苹果、香蕉和橘子放在一只篮子里）

师：你为什么这样装呢？

生：韭菜、苔菜、萝卜、蒜苗是蔬菜，苹果、橘子和香蕉是水果，所以我把它们分开装。

（众赞叹）

师：谢谢你，聪明的小朋友！

◎1988年，中央教科所潘自由老师来徐州视察、指导"言语交际表达训练"实验进展情况，听完我执教的"采访"一课后，部分与会者合影（左起：韩秀君、高林生、潘自由、我）

低年级的"造句"训练多数是"游戏化"了的。这是我指导二年级小朋友用"流利"造句的一段课堂教学实录。

师：谁能用"流利"说一句话？先看看"流利"这个词在哪一句话里。找出来读读，看看是说什么的。

生：（读）"那位同学读得很流利，很有感情，周总理不住地点头。"

师：这里的"流利"是说读书读得很熟练。——还记得《锄禾》这首古诗吗？谁能背下来？

生：（背）"锄禾日当午，汗滴禾下土……"

师：他背得怎么样？谁能说一说？要求用上"流利"这个词。

生：郭扬同学背古诗《锄禾》，背得很不流利。

师：学过一年了，一时紧张没背好。我想，现在他一定想起来了。再背一遍，怎么样？（该生又背，这次背得很好）

师：这次背得怎么样？谁再来说一说？

生：郭扬同学背古诗《锄禾》，背得很流利、很有感情。

师：谁能用赞扬的语气说一说？

生：郭扬同学背得多么流利、多么有感情啊！

师：请小朋友观察我在干什么，然后用"流利"说一句话。

（师拿出钢笔在纸上作写字状；钢笔不下水，甩了甩，还是不大下水）

师：谁来说一说？

生：于老师在纸上写字，钢笔不大下水，写字很不流利。

师：我换一支笔，看看这支笔怎么样。

（师用另一支笔很流畅地写出了"高山流水"四个草体字）

生：于老师这支笔写字很流利。

生：于老师用一支紫色的钢笔，很流利地写出了"高山流水"四个字。

在词语教学中，我也没忘记"游戏"。例如，在讲"面颊"一词时，我问学生："谁能说说'面颊'指什么地方？"我没让学生口头回答，而是请几位举手的学生到我跟前摸我的面颊。有摸我的额头的，有摸我的鬓角的。有一学生摸对了（脸腮），但只摸了一面，我开玩笑说："我只长了半边脸？"于是，该生用双手摸我的脸的两边。学生们开心地笑了。我说："让我们用掌声谢谢这位让我们理解了'面颊'的同学！""面颊"，词典的解释就是"脸的两边"。单讲个定义，显然少了趣味性、直观性。

再比如"蹑手蹑脚"、"踮"、"回眸一笑"等词语，我都是让学生演示，效果非常好。我请学生演示"回眸一笑"、"莞尔一笑"时，许多男生争着要演示，我说："对不起，这是女生的'专利'，虽然你可能笑得很动人。"接着讲了这些词语只能形容女士的原因。在愉悦的氛围中既理解了词义，又明白了它们的使用范围。

第斯多惠说："课堂教学必须密切结合人的天性和自然发展规律，这一教学原则是一切课堂教学的最高原则。"

分角色朗读是小学朗读教学常用的学生喜闻乐见的形式。分角色朗读其实就是游戏。如在熟读的基础上，再适当加点动作，效果会更好。我不但让学生分角色读，我常常也参与进去，和学生一起读。实事求是地说，因为老师朗读的语气，更贴近人物的内心，能更好地表现出人物的性格、品格、思想感情，所以会更具感染力，更有助于学生理解课文，理解人物，让学生喜欢语文。

游戏，在我的作文教学中更是随处可见。关于作文教学在下一章要做专门介绍。

所谓"游戏"，就是把课堂教学"生活化"。我前面讲的，"上课不要太像上课"，指的就是上课不必那么周吴郑王、那么中规中矩，而是师生随意一点，生活化一点，放松一点。就像人着装一样，不必西装革履，穿得休闲一些，自然一些更舒心。在我的课上，看似"随心所欲"，其实"不逾矩"。游戏只是"表"，学习才是"里"。有了"游戏"的"表"，学习才会取得预期的乃至超过预期的效果。不能为游戏而游戏。

• 轻松来自老师的幽默。

我曾写过一篇题目为"幽默"的文章。文中写了好多我的幽默的小故事。

这节课学的是王鲁彦的名篇《我爱故乡的杨梅》。课文写得清丽细腻，小荣读得活脱、传神。其他同学一边看书一边听，人人神情专注，个个沉浸在诗情画意之中。

"细雨如丝，一棵棵杨梅贪婪地吮吸着春天的甘露……端午节过后，杨梅树上挂满了果实。杨梅的形状、颜色和滋味，都非常惹人喜爱……没熟透的杨梅又酸又甜，熟透了就甜津津的，叫人越吃越爱吃……"

课文中的文字变成了有声有色有韵有味的语言，从小荣那清亮甜美的嗓子里发出。同学们仿佛被带进了静谧的果园。

"小建最投入。"小荣读完了，我扫视了一下全班同学，一字一顿、一本正经地说，"他在边看边听的过程中，使劲地咽过两次口水。"

学生们先是一怔，但很快就回过味来，发出一阵咯咯的笑声。

"课文中描写的事物，肯定在他的脑海里变成了一幅幅鲜明生动的画面。我断定，他仿佛看到了那红得几乎发黑的杨梅，仿佛看到了作者大吃又酸又甜的杨梅果的情景，仿佛看到了那诱人的杨梅果正摇摇摆摆地朝他走着，于是才不由得流出了'哈喇子'……"

一阵更响的笑声过后，我郑重其事地接着说："如果读文章能像小建这样，在脑子里'过电影'，把文字'还原'成画面，那就不仅证明你读进去了，而且证明你读懂了。老实说，刚才我都淌口水了，只不过没让大家发现罢了。"

学生们又笑。

下课后，听课的老师说我很幽默，并说我把一种重要的读书方法——边读边想象情节，即把抽象的文字"还原"为生动的画面——通过风趣的语言讲出来了，学生不但理解了，而且肯定终生不忘。

我以为，这不是溢美之词。

学完《翠鸟》的第一、二两段，我一看表，离下课还有七分钟。留七分钟学第三段，绰有余裕，因为这一段并非重点。

我发现小庆打了个哈欠，用胳膊碰了一下同桌，在嘀咕什么。

"小庆，"我语调平缓却十分认真地说，"请你去逮一只翠鸟。"

他慢慢腾腾地站起来，茫然地望着我。我又把刚才的话重复了一遍，并加了一句："请你不要推辞。"

"到哪儿去逮呢？"他可怜巴巴的、很神气的眉毛被皱起的眉头扭曲得变了形。

全班同学面面相觑，神情迷惘。

"你看看书嘛！大家都读第三段，看看到哪儿去逮，看出来以后，告诉小庆。"

还没等别人发言，小庆自己说："翠鸟不好逮。它住在陡峭的石壁上，洞口很小，里面又很深，谁上得去呀！"

我哈哈大笑。他说的，正是第三段的主要内容。他读懂了。当我问他为什么请他去逮翠鸟，他赧然一笑，低声说："刚才我和同学说话了。"

"你有点疲劳了，对不？"我补充说。

同学们听了，立刻发出会心的笑声。

"逮翠鸟这个光荣而艰巨的任务你虽然没完成，却帮助同学读懂了第三段，功不可没！同学们，第三段告诉我们的正是翠鸟的住处。"说完，我转身在黑板上写下了"第三段：翠鸟的住处"这样一句话。

"处"字刚刚收笔，下课铃响了。

这一个幽默的小插曲，使疲劳的学生们为之一振。师生融融乐乐，陶陶然于一堂，顺利地完成了教和学的任务。

童话课文《小稻秧脱险记》中的杂草被喷雾器大夫用化学除草剂喷洒过之后有气无力地说："完了，我们都……喘不过气来了。"可是，一位小朋友读杂草说的这句话时，声音很大，既有"力"又有"气"。我开玩笑说："要么你的抗药性强，要么这化学除草剂是假冒伪劣产品。我再给你喷洒一点。"说完，朝他做了个喷洒的动作。全班小朋友哈哈大笑。这位小朋友再读时，耷拉着脑袋，真的有气无力了。我表扬说："你读懂了。"于是笑声又起。

苏联教育家斯维特洛夫说："教育最主要的也是第一位的助手，就是幽默。"

幽默的语言可以使知识变得浅显易懂；幽默的语言可以使人精神放

松，使课堂气氛和谐；幽默感强的老师可以使学生感到和蔼可亲。当幽默营造出一种热烈的气氛时，学生不但乐于听课，而且会发生"共振"效应，老师的水平也能超常发挥，取得极好的效果。为什么相声、小品演员听到观众的笑声、掌声，越发表演得好，越发能淋漓尽致地发挥？道理就在于此。

幽默固然有赖于知识的丰富、思维的敏捷、口语的畅达，但更重要的是要有融融的爱心、博大的胸怀、乐观的情绪、爽朗的性格。

幽默与冷漠无缘。

老师笑着看学生，学生就会笑着看老师。老师只有笑着看学生，才会有幽默的心境。

可以这样说，人都喜欢幽默，学生都喜欢幽默的老师。这一点不用调查，不用统计。我上学时喜欢幽默的老师，张敬斋老师、李晓旭老师、徐州师范学校的程锡庚老师都是以幽默著称的老师，上他们的课轻松、愉快，再难的问题，都会变得很容易。幽默是他们赢得我们喜爱的重要原因之一。我从跨进徐州师范学校大门的那一天开始，我就按照我崇拜的老师塑造自己。幽默，就是我塑造的目标之一。

四

学有收获，有意思。

我常常想，家长把孩子交给我，我还给家长一个什么样的孩子？

我常常想，就语文教育而言，我应该给学生留下什么？

台湾作家张晓风在她的《我交给你们一个孩子》一文中，说出了所有家长的心声——

那是好多年前的事了，那个早晨是他开始上小学的第二天。

我其实仍然可以像昨天一样，再陪他一次，但我却狠下心来，看他自己单独去了。他有属于他的一生，是我不能相陪的，母子一场，只能看作一把借来的琴弦，能弹多久，便弹多久，但借来的岁月毕竟是有其归还期限的。

他欣然地走出长巷，很听话地既不跑也不跳，一副循规蹈矩的模样。

想大声地告诉全城市，今天早晨，我交给你们一个小男孩，他还不知恐惧为何物，我却是知道的，我开始恐惧自己有没有交错？

我把他交给马路，我要他遵守规矩沿着人行道而行，但是，匆匆的路人啊，你们能够小心一点吗？不要撞倒我的孩子，我把我的至爱交给了纵横的道路，容许我看见他平平安安地回来。学校啊，当我把我的孩子交给你，你保证给他怎样的教育？今天清晨，我交给你一个欢欣诚实又聪慧的小男孩，多年以后，你将还我一个怎样的少年？

他开始识字，开始读书，当然，他也要读报纸、听音乐或看电视，古往今来的撰述者啊，各种方式的知识传递者们，我的孩子会因你们得到什么呢？你们将饮之以琼浆，灌之以醍醐，还是哺之以糟粕？他会因而变得正直、忠信，还是学会奸猾、诡诈？当我把我的孩子交出来，当他向这世界求知若渴，世界啊，你给他的会是什么呢？

今天早晨，我，一个母亲，向你交出她可爱的小男孩，而你们将还我一个怎样的青年！

是的，我是带着一种使命感和责任感教书的。

就语文教育而言，我得给学生留下语言，留下能力，留下情感，留下兴趣和习惯。

• 留下语言。要让学生识字——尽量多地识字，积累词语，让学生有好的语感。识字多，词汇量大，且又有好的语感，才能谈得上留下了语言。所以我强调大量阅读，强调朗读、背诵，强调"抱着学习语言、学习表达的目的读课外书"。

● 留下能力——书写的能力、阅读的能力、表达的能力。我特别重视写字，要学生遵循写字的规律——描红、仿影、临帖；我特别强调"带着思考读书"，要读懂文字背后的意思；我特别重视作文教学。不会表达，语文教育就失去了意义。

● 留下情感。语文是最"人文"的学科，是情感最丰富的学科，但被"应试教育"的桎梏束缚了，学生被分数、作业折磨得麻木了。老师的讲解——为应试的讲解——取代了学生的思考；大量的课堂练习，取代了学生的读书。在现今的中小学语文教学中，很少听到师生像样的朗读。许多老师也不会朗读，因为师范院校的老师不教，他们之所以不教，可能因为他们也不会朗读。只有朗读才能走进作者和课文情感的深处！讲解是死的，讲解只能使人知道；朗读是活的，朗读能使人感受。所以我特别重视朗读。引领学生走进每篇文章的情感深处，真善美留下了，感受留下了，情感就留下了。

● 留下兴趣和习惯。学生们如果爱语文，养成了读书、读报、写作的习惯，这是我最得意的。知识缺失了，还可以再补、再学，但如果兴趣没了，习惯没养成，语文教育就意味着失败。

爱因斯坦说："一个人把在学校里学到的东西全部忘掉之后，剩下来的才是素质。"我告诫自己：要在"该留下"的方面下力气！我反问自己：从小学到师范学校，语文老师给我留下了什么？哪些东西忘掉了？该留下的，能留下的，大概主要就是以上四点吧。

过了而立之年，我不满足于"教过了"，也不满足于"教对了"，而是追求更高的目标和境界——"教会了"。字要会认、会写，文章要会读，话要会说，文要会写。会，才是我们的目的呀！

是啊，当学生"日知其所亡，月无忘其所能"，能不感到语文学习有意思吗？当学生的字写得越来越好、朗读越来越有味道、作文水平越来越高时，能不喜欢上语文课吗？能不感到上语文课有意思吗？

美国学者鲁德说："兴趣不是学习的先决条件，而是学习的产物，是良好的教学的必然产物。它来自于取得成就的满足。"所以我会千方百计让学生在语文学习的实践中获得成功的体验，哪怕是微不足道的成功，哪怕是老师用放大镜找出来的"成功"。如果兴趣不是来自于成功的体验，那么这样的兴趣就不会持久，更不会发展成为一种"志趣"。

每堂课让学生有所收获，才能感到上课有意思，这个"有意思"才是我的目的所在。

第八章
把课上得有意思（下）

我更喜欢上作文课，学生也更喜欢我的作文课。
别的课可以缺，少上一节作文课，学生却不答应。

这一章说说作文教学。

我的作文课上得比阅读课更有意思。

也许是我喜欢写作吧，所以特别喜欢教作文。写作实在是一种很美妙的事。我在 2002 年第 8 期《教师博览》上，读过一位美国女作家写的《文字的力量》（可惜没记下她的名字）。文中写道：

> 文字中蕴含有无穷的乐趣与自由。在文字世界里，每个人都有自己的天堂。文字是最自由的艺术，每个人都可以毫无顾忌地在文字里驰骋。每当我提起笔或坐在电脑前，就仿佛回到了家乡，仿佛进入了艺术的殿堂，这是一个任何人都无法抹杀的世界，我会让这种艺术陪伴我度过所有的岁月。

写文章（包括写日记），就是自己跟自己说话。有些很让自己憋屈的事、懊恼的事，写完了，居然有释然之感，心态平和了！岂不是美妙？

写文章，就是为自己营造出一片属于自己的天地、属于自己的风景。日后每读一次，就像走进去散步、小憩，令人舒心而惬意。

有时翻阅学生时代写的文字，会唤起我对幼时学习生活的记忆，有时竟忍俊不禁，喃喃道："竟有这等趣事？这是我的小手写的?"小时候写的已经变黄的文稿，在我眼里，有了"文物"的价值。

文章一旦发了，会收获另一种喜悦和充实——得到一笔稿费！这时，在妻子面前说话，就有了底气。财虽不大，气可粗得多了。

这且不说。人生是花，语文是根。语文功底好，并有读写习惯的人的人生，一定会收获充实，收获高质量的人生。写，尤为重要。会写，且具有写作习惯的人，都会具有他人比不了的感受力、想象力和思考力。写的过程，是感受升华的过程，认识提高的过程。文字，则是认识，甚至带有规律性东西的沉淀与物化，进而它会规范自己今后的行为，以走向更大的成功。

有位老师曾问我："多数人走进社会，不需要动笔写东西，为什么我们还这么强调作文教学呢？"

这位老师只看到了问题的一面。另一面是：一个人无论从事何种职业，凡做得好的，尤其是做到高端的，无一不是喜欢读书、写作的人。翻开各类报刊，好多有真知灼见、真情实感、发人深省的文章是出自这些人士之手。有真知灼见的文章是"做"出来的。就拿我们做老师的来说吧，出类拔萃的老师都是写作的高手。因为凡有读写习惯的人，他的观察力、思考力、感受力、想象力以及他的理念，一定会高人一筹，教学工作也会做得好。如果我们希望学生将来无论从事何种工作，都能干得出色，那么我们就要培养他们的读写能力，养成读写的习惯，尤其是写的习惯。

我能一步步走到今天，很大程度上得益于我的写的习惯，所以我永远感谢我的中小学语文老师。

所以，我特别想让我的学生学会运用文字，并养成习惯，在他们的人生旅程中，能"毫无顾忌地在文字里驰骋"，能用文字为自己营造出一片完全属于自己的"天堂"；让娴熟的语言文字运用的功夫成就他们的未来。

所以，我努力把作文课上得有意思，让学生对写作产生兴趣，并养成操笔为文的习惯。

那么，我是如何把作文课上得有意思的呢？

一

为学生选择、提供他们喜欢的、容易写的素材。

老师们在备作文课时，常常为找不到合适的题目、合适的写作素材而犯愁。我在学校时，什么时候最吃香？备作文课时最吃香。这时，老师们不请自来——请教我写什么，怎么写。有一次写"踏青"，可是杨老师的班里有两个学生没参加，他们写什么呢？我眉头一皱说："我给他们二人出个题——'那天，家里只有我自己'。"结果这两个人写得还真好！

老师们选材尚且为难，学生就更不用说了。作文时，学生搜肠刮肚的情况是常有的。

我真的从来没有为写作素材发愁过。为什么？因为我有素材意识。有了这种意识，就会为自己、为学生发现取之不尽、用之不竭的写作素材。

下面这则中央电视台的公益广告大家一定耳熟能详：

女：哎，你挤什么挤，没长眼哪！

男：年轻轻的，怎么不说人话？

女：你挤着我了，你！

男：怎么，来劲了是吧？

老人：算了，算了！年轻人，把心放宽就不挤啦！

我第一次听到它时，就意识到这是写作文的好素材。那时正好教《我的伯父鲁迅先生》，于是我就以这篇课文的第三段——"谈碰壁"——为例，学习它的写人物对话的形式、方法。我告诉学生，在生活中，有好多事是在人物对话过程中进行的，对话完了，事情也就结束了。然后，把上面的录音放给学生听。听过之后，要求想象一下：这三个人是在什么时候、什么地点说这些话的？三个人的衣着打扮怎样？说话时的表情、动作会是什么样子的？再想一想：两位年轻人听了老人的劝告又会怎样，即结果如何？然后写下来。

学生们饶有兴趣。不一会儿工夫，一篇篇优秀作文就从学生的笔端流淌出来。

第一次见瓜叶菊是在1981年的一个春寒料峭的下午。那天我到市教研室开会，见张主任桌上有一盆盛开的鲜花，我问这是什么花。张主任让我说说它的叶子、花有什么特点，我说它的叶子宽大，像黄瓜、丝瓜的叶子，它的花像菊花。张主任笑着说："它的名字就叫瓜叶菊。"

那时迎春花刚打苞，而瓜叶菊早已盛开，给人带来了盎然的春意。多好的写作素材！我征得主人同意，把它抱到学校。讲桌上一放，一篇篇作文就诞生了！

引领学生走进植物王国，可写的花草树木真是不可计数啊！

我也喜欢动物。走进动物世界，也有写不尽的素材啊！不一定非得到动物园去。一只动物玩具讲桌上一摆，就是一个作文素材！两只动物玩具放在一起，就会想象出一个童话故事！小学生的想象力惊人。不信，大家试试。当然，有条件的一定要带学生去动物园。

漫画也是写作的好素材。我的好多作文素材选自报刊上的漫画。漫画凝聚的是画家的智慧。它生动、形象、深刻、有趣。线条可以表现生活，语言更能表现生活，况且看图作文从来都是小学生喜欢的。有一年高考，考的不也是"看图作文"吗？——试卷上画的是：许多人围坐在一棵树桩周围，树桩上写着"据说有人在此捡到了一只兔子"。多么耐人寻味呀！

翻开《歇后语辞典》，扑面而来的，不也是许多有趣的故事吗？黄鼠狼给鸡拜年——没安好心，黄鼠狼偷鸡毛掸子——空欢喜，王婆卖瓜——自卖自夸……是不是有趣的故事？

实践证明，许多歇后语是写想象作文的好素材。

袁枚诗云："夕阳芳草寻常物，解用皆为绝好词。"真的，只要留心，只要会"解"，什么都可以"入文"。小草不是也可以入诗吗？"解"就是思考它、感受它的意思。

现今的话题作文又为我们的写作素材另辟蹊径。如果我们以"书"为话题，那么该有多少题目可写呀！买书，借书，还书，读书，介绍一本书……如果以"急"为话题，那么与"急"有关的人和事就更多了。先组词吧：着急、焦急、干着急、急性子、急风暴雨、急中生智、心急火燎、操之过急、急起直追、心急吃不上热豆腐……这些词中，有好多就可以作为作文的题目。再想开去，能体现（反映）这些词语意思的人或事就更多了，诸如找人、等人、赶火车、找东西、看病……

前几年听说美国小学四年级的学生能洋洋洒洒写几千字的作文《韩国》，心里挺佩服。其实那不就是搜集信息、处理信息的过程吗？我的六年级的学生写的《我眼中的"9·11"事件》不也很了不起吗？后来，我为学生出的《为什么说银杏树是活化石》《说说我的姓和名》《说"冒"字》《漫话当今世界各国的先进战斗机》《超7战机》等，都属于这类探究性作文。写这类文章都要去搜集资料，然后根据题目要求再加工。这个领域很广阔，也很有价值。

现在是信息时代，地球在变小，成了地球村，所以我们要引导学生把目光投向地区、国家、世界。媒体——电视、广播、报刊等则是瞭望、了解外部世界的窗口。我关注媒体，喜欢读报。这一点很重要，否则老师就失去了发言权，更谈不上去引导。把眼光放远些，该有多少人或事件值得我们关注哇！其中有多少值得我们记下来并予以评说的啊！关注世界，其意义是不可估量的。

语文综合实践活动为学生的语文学习开辟了新的领域。很多老师在这方面进行了有益的摸索，取得了丰富经验。我的浙江省富阳市弟子张芬英近几年在开展语文综合实践活动中，取得了可喜成果，创造了许多鲜活的、卓有成效的课例。如《走进母亲河——富春江》《走进四季》等都非常成功。每次活动，都把听、说、读、写与活动交织在一起。综合实践活动为写作提供了丰富的、鲜活的素材。

老师能想多远，我们的学生就能走多远。

我从未感到作文无事可记，无人可写。原因简单得很，就是因为我有素材意识。我留心周围的一切，能随时随地为自己、为学生捕捉到可写的东西。

素材意识来自责任感。培养学生的写作兴趣和写作能力是我们语文老师的责任。有了这种责任感，就留神了，心就细了，心眼儿也就多了，目光也就敏锐了——虽然我戴着600度的近视镜。

素材意识来自对生活的热爱。有爱才能有发现，才能有赏识；发现了，赏识了，才能有表达的欲望。对美好的事物视而不见，对美妙的声音充耳不闻，表面看来是不会赏识，实质上是缺乏爱。我爱一切美的事物，我的发现自然就多一些。

素材意识来自学习。人一定要不断学习，善于学习，取人之长，补己之短。要向书本学习，向同行学习（包括国外同行）。我的好多做法是从同行那里学来的。在这里，一加一，绝对大于二。一加一，常常撞击出个"三"来。

素材意识来自我的动笔习惯。我从小喜欢作文，几十年来笔耕不辍。写作使我的好奇心得以保持，使观察、思考成为自觉。观察了、思考了，写作素材就会有。

要想为小学生选择他们喜欢的写作素材，老师还得有一颗童心。有了一颗童心，才能理解学生，知道他们喜欢写什么，不喜欢写什么，他们应该写什么，不写什么。

二

把说、写训练寓于活动（游戏）之中。

1985 年至 1996 年，我在中央教科所潘自由老师和徐州市教研室张庆老师的指导下，进行了"言语交际表达训练"的实验。这项实验的宗旨是：从社会言语交际的实际需要出发，为社会言语交际的实际需要服务，把说、写训练寓于现实的（或创设的）言语交际之中，让学生获得有用的言语交际的真本领。这项实验无论是在当时，还是在 30 年后的今天，都是"史无前例"的。限于篇幅，下面仅举一个课例。

［课堂实录：认识苹果］

第一节　写保证书、转述通知

师：同学们，还记得阳春三月，我们到徐州果园赏花的情景吗？我们漫步于粉红色的桃花、雪白的梨花、略施粉黛的苹果花中，那么令人心旷神怡，那么令人陶醉。

春华秋实。转眼秋天到了。秋天的果园，硕果累累，一片丰收的景象。告诉大家一个好消息：星期六上午，我们到徐州果园参观，请园艺师介绍几种常见的苹果。（学生热烈鼓掌）不过，我到果园去联系的时候，人家对我们有点不放心。我想，也是的，果园可不是一般的去处，万一哪个同学这个——（说着做了个摘苹果的动作），怎么向果园的人交代呢？（笑声）

生：于老师，您放心，我们保证不动人家的苹果！

生：于老师，您还不相信我们吗？我们向您保证！

师：口说无凭。

生：我们写下来！行吧？

师：当然行。我们学过怎样写保证书，再说有些同学曾经几次向班主任写过保证书，熟练得很。（众笑）学过的知识和本领今天派上用场了。写吧，谁写得好，就让谁去。

（学生们以少见的认真态度写保证书）

师：请停下来。有的同学写得不错，也有人写得不大符合要求。我请两位同学读一读。

生：（读）保证书。一、到了果园，我保证遵守纪律，不摘苹果。二、保证认真看，认真听园艺师讲解……

生：（读）保证书。星期六上午我们到果园参观。为了让果园工人放心，使这次活动顺利进行，我保证做到以下几点。一、严格遵守纪律，不乱跑，不离队，爱护果园的一草一木，不摘苹果。二、不讲话，认真观察，聚精会神听园艺师讲解，并认真记录……

师：听了这两位同学读的，同学们一比较，一定发现出了问题。

生：第一位同学开头少了几句话。

师：对了。开头一定先扼要地说明一下，为什么要写保证书。凡是没写的，请补上去。参观的时候，要注意哪些问题，要尽量考虑全面一些。

（学生继续写）

生：（站起来）报告！于老师，孙建军看我的！

师：看你的？他是向你学习，没关系。（笑声）因为一个人考虑问题总不会那么周密。

（几个写作能力较差的学生左顾右盼，有的干脆抄别人的）

师：看来"政策"不能放宽。（笑声）同位写的，可以参考，但不能照抄。（走到一位男生跟前）你抄了同位的几条？

生：（不好意思）我只抄了一条。我怕写不好，您不让我去。（众笑）

师：这样吧，前后左右的同学讨论讨论，交换一下意见，然后写。

（学生热烈讨论，交换意见；交流之后，各自写）

师：这回一定写得不错了。谁写好了？请到前面读读好吗？

生：（走到讲台前读）保证书。星期六上午，我们到徐州果园参观。为了使参观活动顺利进行，取得圆满的结果，我们保证做到以下几点。一、参观的时候，认真看，认真听，认真记。二、爱护果园的一草一木，不摘苹果，时刻记住自己是一个少先队员。（师插话：大家都记住这一点，自觉约束自己。）三、上车下车做到有次序，上车不抢位。（师插话："做到"二字可以划掉。）说到做到，请老师和同学们监督。保证人：王莎，9月14日。

师：这份保证书写得不错，我看了，格式也正确。别人还有补充吗？

生：园艺师讲的时候，如果有不明白的地方，要及时问，要有礼貌。

师：这条加得好。

生：参观的时候，不一个人乱跑。

师：有道理。你想，你一个人跑了，做了违反保证的事，谁知道呢？（众笑）

生：果树之间，还种着庄稼，不能踩坏。

师：看来，你去过果园。——同学们，每人把写的保证抄在一张纸上，贴在"学习园地"里。一来互相学习，互相监督，二来也算一次作业展览。有个通知：每个人回家把参观的事告诉家长，请家长大力支持；每人准备5元钱，一个提包，带着笔和本子。

星期六早饭吃饱一点，万一回来晚了，不至于挨饿。可适当带点饮料。每人都要戴太阳帽。穿跟脚的运动鞋，最好不穿凉鞋。

生：于老师，我没有太阳帽。

师：可以买一顶。如果买有困难，我帮你解决——我说了那么多，记住了吗？说说看。

（一生说了一遍，几乎一字不差）

师：我讲了那么多的内容，其实是两个方面。大家要善于抓住别人讲话的要点。

生：一个方面讲的是要带的东西；一个方面讲的是吃的。

师：除了吃的，还有什么？

生：还有穿的。

师：这就把要点抓住了，抓住了要点，就好记。回家说的时候，千万别漏了。

（下课）

第二节　参观果园

（星期六上午，天高云淡，我带着学生来到果实累累的徐州果园。农艺师潘师傅把同学们带到一棵苹果树下）

潘：小朋友，欢迎你们到我们果园来参观。苹果的品种很多，光我们的果园就有几十种。这棵苹果树叫"红星"。（说完，从树上摘下一个大苹果）红星苹果比较大，属于大果型。它的形状像什么？看看，像不像削掉尖的宝塔？日光晒的一面是红色的。大家注意看，是不是一片红？（说着，走到小朋友中间，让小朋友仔细观察）

生：是一片红。

生：不是一片红。仔细看，是一条条红线排列起来的。

潘：对，这叫"线红"，不像别的苹果像搽了胭脂一样红得那么均匀。这种苹果的萼洼（指苹果头上面的洼坑）上，有五个突出的楞，像一颗五角星，所以人们给它起了个名字叫"红星"。红星苹果有芳香的气味。（说完，让学生逐个儿闻）这种香味像什么水果的香味？

生：像香蕉味儿。

潘：对。所以人们也把它叫作"红香蕉"。它的味道怎样，好不好吃呢？我削一点请小朋友品尝品尝。

（几个男同学争着要吃）

师：看，杨博馋得口水都流出来了，先给他吃。（众笑）但是，吃了之后，要告诉大家什么味道，好不好吃。

杨：（品尝）甜，很甜，又香又甜！（笑声）

潘：酸不酸？

杨：不酸。

潘：红星苹果品质优良，属于一类果。在徐州，9月下旬成熟，是中熟品种。

（同学们边听边记）

（潘师傅又把大家带到另一棵苹果树下）

潘：小朋友，这棵苹果树叫金帅。（说完，又从树上摘下一个金帅苹果）金帅苹果也比较大，形状是椭圆形的。现在的颜色发青，完全熟了，是金黄色的。皮上有许多星星似的点点，这叫"果点"。这是金帅苹果的一个显著特点。它的味道怎么样呢？

（说着，又用小刀削下几块让学生品尝）

生：味道好极了！甜，有一点点酸。（笑声）

潘：这是刚从树上摘下来的缘故，放几天就不酸了。金帅品质优良，成熟了又呈金黄色，所以人们叫它"金帅"。"帅"就是"元帅"的帅。它也是一类果、中熟品种。

（潘师傅依次又把学生带到红玉、小国光苹果、倭锦三种苹果树下，同样做了详尽的介绍。介绍完了5种苹果，稍事休息。学生兴致勃勃地从这一

棵苹果树走到另一棵苹果树，判断它们是哪一品种。集合后，潘师傅把学生带到一堆苹果跟前）

潘：小朋友，刚才我向你们介绍了 5 种苹果。这堆苹果里，有红星、红玉、金帅、小国光和倭锦。现在，我请一位小朋友从中找出一个小国光。找出来了，要告诉大家，为什么说它是小国光。

（小朋友纷纷举手，潘点人找一个小国光苹果）

生：（举起苹果）潘叔叔，这就是小国光苹果。它的个儿比较小，是扁圆形的，颜色发青，太阳晒的一面有一点淡红色。

潘：对！它的萼洼有什么特点？味道呢？

生：它的萼洼浅，比较平，吃起来脆，甜中带酸，能开胃口。（笑声）

潘：谁还有补充？

生：小国光属于一类果，晚熟品种。

潘：小朋友听得认真，记性好，说得很全面——谁再从中找出一个红玉？

师：请朱飞飞来找，他对红玉苹果最熟悉。（众笑）（原来，朱飞飞前不久到水果店去买苹果，因不认识苹果，买了一篮子好看但不大好吃的红玉）

朱：（红着脸找到一只苹果）潘叔叔，这是一个红玉苹果。

潘：（高兴地）对！说说它的特点。

朱：红玉苹果比较大，比较圆。它最大的特点是红，红得发紫发亮，像块玉。可惜不大好吃。我那天买回家一尝，味儿酸，水分也不多。吃了两口，差一点把牙给酸掉了，上当了。（众大笑）

潘：这种苹果是有点酸，但也不至于酸掉牙！（笑声）红玉苹果产量高，营养丰富，适宜做罐头。这是它的优点。——谁找一个倭锦苹果？

（一个学生半天没找着，潘师傅又指定另一个人）

生：（举起倭锦苹果）倭锦苹果也比较大，一半黄绿色，一半红色，像红星苹果一样，也是线红。它的萼洼特别深。倭锦水分少，味儿酸，是三类果。

（潘师傅又叫小朋友从中找了一个金帅、一个红星，并讲了它们的特点）

师：同学们，时间过得真快！在参观活动即将结束的时候，大家对潘师傅说点什么呢？

生：潘叔叔，您在百忙之中抽出时间为我们介绍苹果，使我们长了不少知识，我们向您表示衷心的感谢！

生：潘叔叔，您辛苦了，麻烦您一上午，真过意不去！

潘：为小朋友介绍苹果，我很乐意。

师：朱飞飞同学一定有话对潘叔叔讲。

朱：今后我再也不会买好看而不好吃的苹果了！（众笑）

师：潘师傅，您今天给我们上了一堂非常生动的课，使我们受益匪浅！我代表全班同学再一次向您表示感谢！

潘：不要客气。

师：小朋友，果园工人为我们每个人准备好了一袋苹果，里面有金帅、红星、红玉、小国光、倭锦。每袋只收 3 元钱。（学生鼓掌）今天晚上回家，第一，向家里人介绍这 5 种苹果；第二，写一篇日记。（学生喜不自禁）

第三节　为苹果写"说明"，练习讲解

师：上星期六我们到果园参观，收获很大。我布置的"家庭作业"完成了吗？

生：（齐声）完成了！

师：家长有什么反应？

生：我向爸爸、妈妈介绍 5 种苹果的特点，爸爸、妈妈说："想不到苹果还有这么多名堂！"

生：我妈妈说："俺孩子长见识了，今后买苹果你跟着当参谋！"（众笑）

师：同学们，别班的同学听说我们到果园参观，非常羡慕，纷纷要求去。可是，果园正值大忙季节，没法接待。校长请我们班举办个苹果展览，让其他同学来参观参观，不同样能达到认识苹果的目的吗？我们班决定本

周星期六，举办苹果展览。每个同学回家从一种苹果中各找出一个大个儿的拿到学校当展品。展出的时候，每种苹果前面还要放一张"说明"，不然人家怎么能知道叫什么苹果，怎么能了解它的特点呢？怎样写"说明"呢？（板书"说明"）第一行的当中，先写上苹果的名称。如果是红玉，就写上"红玉"两个字，写大一点，醒目一点。下面分项写，可以从形状、颜色、品质（包括味道、水分等）、类别、成熟期等方面入手。（边说边将上述词语板书在黑板上）以上几个方面的特点，大家很熟悉了，写起来不会有困难。为了省时间，咱们分成 5 组，每组写一种。一定要把特点写清楚，让参观的人一看就明白。

（学生写，老师辅导）

师：不少同学写好了，下面请个同学读一读。

生：（读）倭锦。一、形状：圆，大果型，萼洼圆而深，果蒂粗、短；二、颜色：色泽鲜，朝太阳的一面鲜红，有的是浅红，背着太阳的一面呈黄绿色；三、品质：水分少，味酸甜，存放时间长果肉变面；类别：三类；成熟期：9 月上旬。（原文是分行写的）

师：写得很清楚。我每个人发一张纸，请把写的"说明"抄在上面。字体要大，写得要工整，谁写得好，就把它放在展品旁边。

（学生在老师发的白纸上誊写）

师：展品、说明有了，举办展览还得有讲解员，特别是低年级的小朋友，他们看不懂说明，没人讲怎么行呢？见过展览会的讲解员吗？

生：我们参观卫星展览时，就有人讲解。

生：参观王杰烈士纪念馆时，也有讲解员讲解。

师：这次我们为参观苹果的人当讲解员，主要把每种苹果的特点讲清楚，使参观的人很快了解每种苹果的特点。这一点好办，把"说明"背下来就行了。担任第一组解说员的同学还有个任务——要说几句表示欢迎的话，同时，还要把我们举办苹果展览的目的扼要地说一说。想一想，怎么说？

生：同学们，首先，我代表四（1）班全体同学欢迎你们来参观苹果展览。

生：热烈欢迎！

师：这样说可以。我们举办展览的目的是什么？

生：为了让大家认识几种常见的苹果。

生：认识了，买苹果就会挑了，不会上当了。

师：第一组的同学都要把"开场白"写下来，背下来。语言要美一点。第五组介绍完小国光后要来两句结束语，应该怎么说？

生：同学们，参观到此结束，请留下宝贵意见。

生：还要说声"再见"。

师：对，别忘了。剩下的时间，请每个人把写的"说明"背下来，要背得滚瓜烂熟。

（学生背，老师做了检查）

（下课）

第四节　继续练习讲解，写"海报"

师：为了举办苹果展览，我们写了"说明"，练习讲解。当讲解员是不容易的，除了能把展品的特点讲得明明白白，还要做到彬彬有礼、热情大方。你现在说得可能很流利，一旦上场，可能会紧张得什么都忘了，一下子卡壳了。（笑声）这节课，我们再练习一下。我这里有 5 个苹果，大家一看就知道是 5 个不同品种的苹果。我想请 5 个组的同学都到前边来讲讲试试，大家就是观众。先请第一组来讲"红星"，别忘了，你们还要来几句"开场白"。

生：（走到讲台前）为了让大家了解几种常见的苹果，我们四年级一班举办了这次苹果展览。同学们，你们知道吗？苹果是一个大家族，它有几十种呢！从外表看，有大的，有小的；有红的，有绿的，有黄的；有椭圆的，有扁圆的。它们形状不一样，品质也不一样。你们看——这是红星苹果，这种苹果比较大，形状像一个削掉尖的宝塔……

师：这位同学的开场白说得相当精彩，把红星苹果介绍得也很详尽，可惜少说了一句话。

生：她开始忘了说句欢迎的话。

师：你们看，这么聪明的同学竟能忘记了一句非常重要的话！可见，当众讲解不容易。再请第一组同学来讲一下。态度要自然大方。

生：（走到讲桌前）同学们好！欢迎大家到我们班来参观苹果展览。有人可能会说，苹果有什么好看的？不对！苹果的学问可大了！今天展出的只是常见的 5 种。同学们知道了这些苹果的特点，就可以根据自己的需要购买了。这是红星苹果……

师：对她讲的有什么意见？

生：赵星讲得不错，就是有点不自然，两只手好像不会动似的。（笑声）

师：手不知往哪儿放，好像有点多余了，是吧？砍掉肯定不行。（笑声）我有个办法，请你拿着老师的教鞭讲，但是不能指同学，可以指指苹果，不指就随便拿着，两只手，这样——（老师做示范）像拿枪似的。（笑声）也可以拿起一个苹果讲。总而言之，手里拿着东西就会好得多。请你再来一遍。

（该生手拿教鞭又讲了一遍，果然好多了；老师又告诉大家目光要多看观众，不要只看苹果）

师：下边讲的同学，手里都可以拿着教鞭。

（接着，学生又依次讲了其余 4 种苹果）

师：请同学们回家进一步练习。——展览会的筹备工作基本做好了，星期六可以如期举行。怎样把办展览的消息告诉大家呢？

生：咱们写个通知书到广播室里广播一下。

师：写通知不妥当。一般地说，通知的事是必须做到的。而参观我们展览是自愿的，愿来就来，不来拉倒。这样的事，写海报最合适。见过海报吗？

生：我在体育馆门口见过张贴的海报。上面写的是体育比赛的消息。

师：怎样写的，你注意了吗？

生：第一行写的是"海报"两个字，很大。

师：下边呢？

生：下边记不得了。

师：下边的正文很简单，写上什么时候，在什么地方举办什么展览，欢迎什么人参观就行了。最后署名，写日期。——想一想，我们的海报该怎么写？

生：于老师，我们星期六在哪儿举办展览？

师：在阅览室。

生：正文这样写：星期六下午，四（1）班在学校阅览室举办苹果展览，欢迎同学们参观。

师：这次参观要有秩序，因此要提出"各班要排队入场"的要求。最后署上我们的班级和日期。

（老师指导学生写"海报"，最后指定毛笔字写得好的邢欣将她写的"海报"写在一张红纸上，张贴在校园里）

[一切准备就绪，四（1）班成功地举办了这次苹果展览，接待了前来参观的广大师生]

第五节　写"照片说明"和报道

师：上个星期六下午，我们成功地举办了一次苹果展览。让我们回过头来看一看，取得成功的原因是什么。

生：成功的原因很多，有我们的功劳，也有老师的功劳。

生：主要是老师的功劳。

师：不对。老师和同学交口称赞同学们讲解得好。为了当好讲解员，大家付出了大量的心血。说说你们是怎样认真准备的。

生：为了当好讲解员，我回家对着镜子练。（笑声）

师：手里拿小棍了吗？（笑声）

生：我一手拿着小棍，一手拿着一个苹果讲，妈妈说我着魔了。（笑声）

生：我还把同院的两个小孩请到家里来，讲给他们听。

师：真没想到，同学们这样认真！付出了这么大的劳动！

生：我妈妈听说我要当讲解员，拉着我讲给她听。她比电影导演还严呢！一个字没说清楚都不放过。

师：真得感谢你妈妈呢！这次展览会办得成功，也有家长的一份功劳。总之，这次展览取得成功，是与同学们的努力、各方的支持分不开的。我们之所以说展览取得了成功，是因为达到了我们的预期目的。我们举办苹果展览的目的是什么？

生：让同学和老师认识几种常见的苹果，认识了，买的时候就可以挑选满意的苹果。

师：就不会像朱飞飞那样，上当了。（笑声）筹备过程，对我们自己也是个锻炼，使我们学到不少东西。想一想，我们自己有哪些收获？

生：我们学习了写"说明"，写"海报"。

生：学习当讲解员，锻炼了我们的口才。

师：不知同学们注意了没有，我们举办展览会的星期六下午，有一个摄影的人。那人是徐州日报社的摄影记者。他从拍的照片中选出了一幅，准备在《徐州日报》上发表。（说完，从提包中取出一张照片请同学们看：照片上一名女同学正在向参观的人讲解）这位记者请我们为这张照片写几句"说明"。另外，还要求我们为报社写篇报道。（板书"报道"）连同照片，一块在报上发表。

怎样写通讯报道呢？1. 要把时间、地点交代清楚；2. 展室布置要略加描述；3. 写清接待了多少人；4. 写出举办展览的意义，这是重点；最后，交代一下举办成功的原因。题目就叫作《记鼓楼小学四（1）班苹果展览》。

[板书"记鼓楼小学四（1）班苹果展览"]

（全班同学写，老师巡视）

师：开头很重要，也比较难写。我发现有几个同学写得很有特色，现在请几个同学读一读。题目不必读了。请夏乐天读一读。

生：（读）9月24日下午，鼓楼小学四（1）班在学校阅览室举办了一次别开生面的苹果展览。苹果是一个大家族，有几十个品种呢！举办这次展览的目的，就是为了让同学们认识几种常见的苹果。展厅布置得美观、大方。黑板上写着……

师：这位同学先交代举办展览的时间、地点，再写举办展览的目的，下边看样子要写展厅的布置。写得不错。下边请刘蓓读一下开头。

生：（读）为了使广大师生认识几种常见的苹果，9月24日下午，鼓楼小学四年级一班在校阅览室举办了一次苹果展览。展览室的黑板上写着"苹果展览"四个醒目的大字。旁边画上一棵结满了累累硕果的苹果树。（师插话：这句话应改为"画了一棵硕果累累的苹果树"。）桌子上铺着浅蓝色的桌布，上面整齐地摆着红星、红玉、金帅、倭锦、小国光5堆苹果。几瓶鲜花放在苹果中间，（师插话：花瓶不是放在苹果中间，而是放在5堆苹果之间。表达要准确。）把整个展览室点缀得更美了……

师：这两位同学写的开头都不错。写作有困难的同学可以借鉴，但不要照抄。请接着往下写。

（学生继续写，写好了，于老师当众评改了两篇）

师：现在请同学们考虑一下，怎样为这张照片写几句"说明"。（说完，又将照片举起让大家看）没有说明，读者不知道这幅照片是什么意思。大家想一想，该怎么写？

生：鼓楼小学四（1）班9月24日成功地举办了一次苹果展览。徐敏同学正在向小朋友介绍苹果。

生：如果这幅照片和我们写的报道一起登，第一句话可以不要。

师：有道理。但是，如果单独发表呢？单独发表怎样写说明？

生：如果单独登，就必须多写几句，把时间、地点，还有目的都写上。

师：也就是把我们刚才写的报道概括一下，浓缩一下。写写看。看谁写得既简练又全面。这个写好也并不那么容易。

（学生写，师指名读）

生：（读）鼓楼小学四（1）班9月24日在本校阅览室举行了一次苹果展览，受到广大师生的欢迎。图为徐敏同学正在向参观的小朋友介绍金帅苹果。

生：办展览的目的没写。

师：这一句要加上去，加在开头。——同学们把写的报道、说明一起抄在作文簿上，我从中各选一篇寄到报社。

（后来，《徐州日报》果然发表了同学们写的一篇报道，还有一张照片和照片说明）

大家可以看出，在"认识苹果"系列活动中，所有的说写都是活动的一个有机组成部分，说与写都是活动的需要，不是为说而说、为写而写。教育心理学告诉我们："需要是个性积极性的源泉。"因为活动中的说与写都是活动的需要，所以学生的积极性是不言而喻的。

◎2001年，在塔尔寺与中央电视台主持人徐俐女士等合影（左起：张庆、我、李亮、徐俐、朱家珑、高林生）

我执教的《歇后语编故事》《爱鸟》《傻小猴》等课，则是在游戏中进行的。

请看我执教的《歇后语编故事》课堂实录。

［课堂实录：《歇后语编故事》］

第一节

（教者进行简单的课前谈话后开始上课）

师：咱们无锡市东绛实验小学是全省有名的，很多外省老师也知道。一提起我们东绛实验小学，那真是哑巴开会——没说的！（生笑）我们六（1）班的学生那更是雨后的春笋 —— 个个拔尖。为什么我们学校这么有名？就是因为有个好校长。你们邱校长了不起啊。提起邱校长，那真是狗撵鸭子——呱呱叫，（生笑）铁锤敲锣——响当当，（生又笑）治校有方啊，所以我们学校才搞得这么好，全省有名。你看，我们班的同学多可爱，这位戴眼镜的同学，（生上台）可爱不可爱？（生笑）你一看就知道有学问啊！（生又笑）你看那表情，多坦然啊！（生伸舌头）你看，他舌头一伸（指着学生），多活泼啊！（生大笑）请问你叫什么名字？

生：我叫刘程昊。

师：刘程昊，我可以说，在家里，你一定是爷爷、奶奶、爸爸、妈妈的掌上明珠。在学校里老师肯定也喜欢你，同学们肯定也喜欢你。刘程昊，我看见你，就想起一句话：你呀，老寿星的脑袋——宝贝疙瘩！（生大笑）爱作文吗？（刘点头）怎么样，我没看错吧？今天，我想你一定会有出色表现。（刘回到座位）

师：哎，刚才我夸了你们半天，运用了好多什么呀？

生：（齐）歇后语！

师：用了好多歇后语。（板书"歇后语"）歇后语是我们祖国语言的一种特有的形式，外国没有。它生动活泼，非常幽默，而且表现力特别强，因此，备受人家的喜爱。咱们说话，写文章偶尔用上那么一两句，就会增加几分幽默。听说你们都喜欢积累歇后语，而且你们语文书上也有，能不能把你们积累的歇后语说两句给于老师听听？谁先说？

（生踊跃举手）

生：甲鱼吃甲鱼——六亲不认，甲鱼吃木炭——黑心王八。（生笑）

师：噢，甲鱼怎么这么倒霉！坏事都叫它摊上了。你对甲鱼可能很有研究！（生笑）你是不是研究甲鱼的专家啊？握握手。（上前与生握手）还有吗？刘程昊有吗？

生：脚踩火箭——一步登天。

师：快啊！我看你就是脚踩火箭——一步登天。

生：帽子上涂蜡——滑头滑脑。

师：滑头滑脑啊！不是你，也不是我，更不是大家！专门说那个滑头滑脑的啊！

生：猪八戒照镜子——里外不是人。

师：不是你，也不是我，是猪八戒！（生笑）

生：卖油条的拉胡琴——游（油）手好闲（弦）！

师：啊，多生动，多幽默啊！

生：东边日出西边雨，道是无晴也有晴。

师：文绉绉的，诗句也成了歇后语了，多有学问啊！

生：孔夫子的弟子——闲（贤）人，孔夫子搬家——尽是输（书）。

师：闲人？尽是输？噢，说打牌的，赌博的，没事干的。（生笑）这是谐音字，有意思没意思？

——我得感谢大家，送了我这么多的歇后语。为了表示谢意，我再送大家一些歇后语。

（投影出示歇后语，请生念）

屎壳郎搽粉——臭美

屎壳郎腾空——硬充战斗机

耗子哭猫——假难过

猪鼻子插葱——装象

铁公鸡——一毛不拔

猪八戒照镜子——里外不是人

母鸡吃烂豆——一肚子坏点子

王婆卖瓜——自卖自夸

麻雀下鹅蛋——瞎吹

鸡给黄鼠狼拜年——自投罗网

鸡蛋碰石头——自取灭亡

螃蟹打洞老鼠住——劳而无功

黄鼠狼给鸡拜年——没安好心

黄鼠狼偷鸡毛掸子——空欢喜一场

师：喜欢吗？

生：（齐）喜欢！

师：这些歇后语多有意思！今天，于老师可不是白送给你们的，要请每个人选择其中喜欢的一条歇后语来编故事（板书"编故事"）。其实，有好多歇后语它本身就是一个有趣的故事。你想一想，"黄鼠狼给鸡拜年——没安好心"，这不就是个故事吗？你想，"屎壳郎腾空"，这不就是个故事吗？它看到人家飞机得胜归来，受到大家夹道欢迎，它能不着急吗？它也想去参加战斗，你想，那会是什么结果？还有"猪鼻子插葱"，那不是故事吗？它想装象，能像吗？今天，于老师就请大家根据自己喜欢的一个歇后语展开想象，编成故事。大家迅速地看一看，你喜欢哪一个，你准备用哪一个歇后语编故事？如果都不喜欢，可以用你们自己积累的歇后语编。我这么一说，同学们都眉开眼笑了，有的在思考了，个个脸上都露出了什么样的表情？（指一生）你看他表情，露出了非常得意的、非常感兴趣的表情。好编吗？你准备选哪一个歇后语？

生：我准备用"屎壳郎搽粉——臭美"编故事。

师：肯定是个有趣的故事，"屎壳郎搽粉"，你想它为什么搽粉？干什么呢？结果怎么样呢？

生：我准备用"黄鼠狼偷鸡毛掸子——空欢喜一场"编故事。

师：现在请大家自由结合，并邀请你的合作伙伴，两个也好、三个也好、四个也好，你们商量商量，准备用哪个歇后语编故事，可以一边商量一边表演。你们几个人各自担任什么角色，故事的情节怎么样，怎么开始，怎么发展，结果怎么样，展开想象，好不好？

生：（齐）好！

师：我想选择"鸡给黄鼠狼拜年——自投罗网"编故事，打算请同学和我合作，不知在座各位哪个愿意和我合作？谁对这个歇后语感兴趣？（生举手）请举手的同学站起来，请"宝贝疙瘩"过来（刘程昊笑眯眯上台），六个人愿意和我合作，可我只需要三个人，帮我选一下。条件是：第一，聪明；第二，能说会道；第三，大胆泼辣；男同学可以加一条：调皮。我很喜欢调皮的男生。（生挑选三人）

师：剩下的几位同学，你们落选了。对不起，这是刘程昊决定的，不是我选的，有意见，对他提啊！（众笑）

师：咱们四个人演好吗？其他同学找你的合作伙伴去，商量商量选哪个歇后语，编什么故事，商量好了，再演一演，好吗？下位吧，自由结合。

（师生各自排练、准备，约七分钟）

师：你们编好了吗？（齐答"编好了"）我们也编好了。下面我想请同学们把编的故事演一演，哪组先演？

（一组生上）

师：你们演的是什么？

生：我和倪丽娜、殷彬炜、邹扬合演。我们演的是"黄鼠狼偷鸡毛掸子——空欢喜一场"。（各自进行剧中角色介绍：黄鼠狼爸爸、黄鼠狼儿子、两只母鸡）

师：演出开始，大家掌声有请。

黄鼠狼爸爸：喂，儿子，这里有两只母鸡，快抓！（父子俩做抓鸡状，母鸡逃跑）

黄鼠狼儿子：哎呀，多可惜呀，让她俩跑了！（师旁白：跑了。快跑远点噢！）

黄鼠狼爸爸：晚上去抓，咱们晚上再去抓。

黄鼠狼儿子：对，咱们先准备准备。

黄鼠狼爸爸：现在是晚上了。（师：噢，现在晚上了，天黑得真快。）（生笑）

黄鼠狼父子：（做贼状，众笑）齐心合力，抓到母鸡；齐心合力，抓到母鸡。（众大笑）哎哟！（踩到石头了）

母鸡：什么声音？有贼！快放个鸡毛掸子迷惑贼，我们快跑。

黄鼠狼爸爸：看看有没有情况。捉到了吗？（黄鼠狼儿子抓到一条鸡毛掸子）捉到了！快走，快走。（做偷鸡成功向家跑状）

黄鼠狼爸爸：快点拿出来，我啃一口。（做啃鸡状）哎哟，哎哟！（捂着牙）（师鼓掌说：看样子硌着牙了！）这是什么东西呀？

黄鼠狼儿子：哎呀，是个鸡毛掸子！

黄鼠狼爸爸：鸡毛掸子是什么？（众笑）

黄鼠狼儿子：掸灰尘的。

黄鼠狼爸爸：对了，你这次期中考试考了多少分？（众笑）

黄鼠狼儿子：19分。

黄鼠狼爸爸：我听说鸡毛掸子还能打人。你才考了19分，看我打你不打你！（做打状）（众笑，鼓掌）

师：哈哈哈，节外生枝了，节外生枝了。（指着殷彬炜）他可以称得上是这一组的最佳演员。（掌声）还有哪一组演？

生：（一组上）我们演另外的。歇后语是"许褚战马超——赤膊上阵"。（生介绍角色：许褚、马超、曹操）

师：看他们怎么演，掌声有请！

（解说：话说上一仗，曹操生擒马超的哥哥，乱刀砍死马超的父亲，马超气得暴跳如雷，眼睛瞪得像铜铃一样。）

马超：气死我了，曹操！我一定要为我的父兄报仇，让你偿命。

（解说：说完，便率领西凉三十万大军向曹营逼来。）

许褚：报！马超带领大批人马向我军进攻！

曹操：好，这次正好全歼他。Let's go！（师旁白：曹操的英语说得还挺好！）（众大笑）（做两军交战状，曹操逃跑；次日，马超再战）

许褚：丞相，马超又带大批人马向我们进攻。

曹操：呀！哎！那就请将军上阵砍杀吧！（众笑）

许褚：是！（赤膊上阵，做与马超交战状）

马超：什么时候又出来一个光膀的汉子？这家伙还真厉害呀！

（师旁白：马超不行了，勇敢点。）

马超：这家伙四肢发达，头脑简单，跑呀！（结束）

师：说得比演得好！

（每组的表演都很投入，会场不时发出笑声，有几处对白颇为精彩，加上我的点评，听课老师报以热烈掌声。每组表演完后，我都要评出一位最佳演员，并报以掌声，感谢他们精彩的表演）

师：大家看，好多歇后语是不是就是一个有趣的故事啊？这是同学们的想象，同学们的创造。想不想看我们演的？

生：（齐）想。

师：请三个伙伴上台。（生鼓掌）谢谢大家的掌声啊！我们演的是："鸡给黄鼠狼拜年——自投罗网。"我演老母鸡（生笑），请其余三位分别介绍自己的角色。（其余三位分别扮演黄鼠狼、黑猫警长、小公鸡）来，都戴上头饰。我是老母鸡（师戴上母鸡头饰，叫了一声"咯咯嗒"做鸡状，生笑），演出马上开始了。

母鸡：孩子，今天过年，我想给黄鼠狼拜年去。

小公鸡：什么？你去给黄鼠狼拜年？你这一去，肯定是肉包子打狗——有去无回。

母鸡：没事的，我想给他送点礼，叫他以后多多关照我们，不要伤害我们鸡。

小公鸡：如果他不伤害我们，会关照我们的话，他就不叫黄鼠狼了。

母鸡：你想，黄鼠狼的心也是肉长的，（众笑）对他多说几句好话，多送点好礼，他还能不被感动吗？你不要担心，妈去去就来，（生笑）你把家看好啊！

小公鸡：那好吧，小心一点啊！

母鸡：没事的。你看，妈昨天在超市买了条围裙，纯棉的，出门在外的，得打扮打扮，再说过年了。（系上围裙，生笑，听课老师笑）你看，妈还在超市买了条真丝的围巾。（师戴在头上，众笑）你瞧，它又是什么？（师提起一盒保健品）我给黄鼠狼先生送点保健品，叫他以后多多关照我们。孩子，你看好家，我去去就来啊！（师做老太太走路状退出，众笑，鼓掌）

小公鸡：妈，你可要小心、小心、再小心呐！——唉，老妈这一去也不知道会咋样，先打个电话给黑猫警长吧！（做打电话状，告知原因）

黑猫警长：（上）给谁去拜年？怎么能给他拜年呢？好，我去看看。（下）

母鸡：（上）哎呀，这黄鼠狼先生的家可真远啊，我走了半天还没走到。（众笑）黄鼠狼先生家在哪儿呢？噢，到了，在这儿。（按门铃——叮咚！）（众笑）

黄鼠狼：谁呀！（开门）

母鸡：我呀！老母鸡。

黄鼠狼：哎呀，鸡大婶啊！（握手）稀客、稀客。（让进屋）

母鸡：黄鼠狼先生，你过年好啊！

黄鼠狼：好啊！好啊！请坐，请坐。

母鸡：（对观众）你看，黄鼠狼先生多客气呀！我说，黄鼠狼先生变好了，你们还不信！黄先生也在变呐！（转身对黄鼠狼）哎呀，黄鼠狼先生啊，你家里装潢得可真漂亮啊！

黄鼠狼：你鸡大婶说好啊，那就好！

母鸡：黄鼠狼先生，这是你家的大彩电吗？（师指投影屏幕）多少寸的？（黄：100寸。）哇，100寸！这么大，没见过。黄鼠狼先生，这是你家的电脑吗？你买电脑干吗？（黄：上网啊，聊天啊。）哟，黄鼠狼先生都上网了！哎呀，无锡的黄鼠狼比我们徐州的黄鼠狼生活好得多！（众笑）黄鼠狼先生，听说你今年过节不收礼，要收只收保健品。（众笑）今天，我给你送来了保健品，给你补补脑子，让你越变越聪明。哈哈哈，不成敬意，请你笑纳！（众笑）

黄鼠狼：（接过保健品，对着大家，龇牙咧嘴说）我要吃这只鸡！（众笑）

母鸡：哟，黄鼠狼先生，天儿不早了，我得回去了。黄鼠狼先生，今后你还要多关照我们鸡！再见了！

黄鼠狼：（做阻拦状）慢着，你想走？

母鸡：（做惊恐状）你，你你你……你想干什么？

黄鼠狼：今天，叫你有来无回！

母鸡：哇，救命啊，救命啊！……（众笑）

（警报响起，黑猫警长赶到）

黑猫警长：黄鼠狼先生，前几天警署正式下发通缉令，你被逮捕了！

母鸡：送派出所去，送派出所去！

黄鼠狼：哎哟，你说这鲜美的鸡没吃到，却被这个黑猫警长逮了个正着。（众鼓掌）

小公鸡：老妈，你没事了吧？

母鸡：（做发抖状）哎呀，吓死我了，吓死我了！孩子，是你给黑猫警长打的电话？幸亏我孩子，要不，妈妈的命就没了，这个年也过不去了！哎哟，孩子，你真好。（做老太太状下；众笑，鼓掌）

师：我们谁演得好？（生：陈嘉伟。）哇，又一个最佳演员啊！他们两位呢？也不错，也很优秀，掌声！

师：同学们，你看，有趣没趣？只要展开你的想象，好多歇后语都可以编成故事。咱们是趁热打铁编故事呢，还是休息十分钟？

生：（齐）趁热打铁！

师：要上卫生间的，需要放松放松的，就悄悄地去，不需要的，咱们就"唰唰"写，好不好？拿出作文草稿本，于老师要讲两句话：第一句话，只要你写的是一个故事，有头有尾，就是合格的作文；如果你的故事写得很有趣，大家听了觉得很有意思，高分，绝对高分！哪一个词用得好，加分；哪一句写得棒，加分。看谁加分加得多，怎么样？写吧，歇后语可以做文章的题目，你另外起题目也行。（生习作，有人退出教室去卫生间）

第二节

（生继续习作，师巡视指导，写好的学生大声朗读自己的习作，并进行修改，共约 20 分钟）

师：全部停笔。我想请同学到前面来读草稿，一定要注意听，一定要学会修改作文，看老师怎么评改的，看看别人哪些地方可以借鉴，可以学习。听了之后再认真地改自己的作文草稿，后誊写在大作文本上，交给你们的班主任老师。一定要学会修改作文。（师指一生上讲台）谁来读呢？第一个读的人你（指坐在前排的一位同学）来定（师对他耳语一阵），你看请哪一位同学？（生指定另一生上）

师：你叫什么名字？（生：高含璐。）姓高，长得真高，谁想长得高，就姓高。（众笑）

生：我写的是"鸡蛋碰石头——自取灭亡"。（读）鸡蛋先生是个爱吹牛皮又要面子的人。（师：多好啊，上来就把鸡蛋先生做个交代，这句话非常概括。）一天，鸡蛋先生一边给大家讲他年轻时的英勇事迹（当然是在吹牛），一边手舞足蹈。大家都听得乐呵呵的。听，他是怎么吹的："提起当年，我可英勇了，16 岁的时候就打败了公鸡，17 岁的时候又打败了老鹰，要说我18岁时，那可就更了不起了，我那头轻轻撞一下石头，那石头就裂开了，而且分成了八块。"一旁的石头小姐听了，当然不服气，她说："既然鸡蛋先生那么厉害，我倒是想和您比试比试，您看怎么样？"鸡蛋先生想：虽说我刚才是在吹牛，但要真和石头比一比，那还不一定谁输呢！（师：哟，还不服气呢！）再说是和石头小姐比，我肯定能胜出！（师：是个小姐噢，更没问题了！）如果我不和她比，我颜面何存！（师：说话文绉绉的，颜面何存，就是老脸往哪儿放，往哪儿搁！）（众笑）于是他爽快地答应了。比赛在三天后开始了。石头小姐安稳地站在擂台中央，笑嘻嘻地说："小女子今天就不自量力了，请。"鸡蛋先生立马飞步冲了过来，（师：飞步冲了过来，跑得挺快的噢！）往石头上一撞，鸡蛋先生顿时被撞得头破血流，而石头小姐安然无恙，鸡蛋先生只好灰溜溜地跑了。（师：还没碰死！）（众笑）（师：你手下留情，说明你很善良，不愿意让鸡蛋死！如果让我写，就让它死了，自取灭亡了嘛！）从此，就有了个"鸡蛋碰石头——自取灭亡"的歇后语流传于世。

师：写得好不好？（生：好！）非常通顺，不用改动一个字，而且语言非常简练，有点文言文的色彩。你肯定读了不少的古书、古文，看了不少明清时代的小说，不然的话，语言不会这么干净的。非常好，打150分！你得过150分吗？头一次？请问高含璐你有什么话对我说吗？

生：非常感谢于老师给我的指导和鼓励！

师：掌声！拿回家读给爸爸妈妈听，修改好后，誊写好交给老师。——还有谁来读作文？

生：我写的作文题目是"猪八戒背媳妇——费力不讨好"。（师：费力气了，却不讨好，看她怎么编的。）话说这个猪八戒呀，也老大不小了，自从西天取经回来后，他就整天游手好闲，不干正事。如今唐僧开了家电脑公司；孙悟空也把花果山弄成了风景区，赚了大钱；沙僧也讨了个老婆，在家享清福。（众笑）（师：都有善果了。）猪八戒知道后，心想：我可是一代大情圣呀！（众大笑）（师：哇，从来没听说过！）怎么能没有老婆呢？于是，他回到高老庄去找他媳妇。（师：他还没忘记高老庄的高小姐呢！）以前，猪八戒的媳妇可是美得不得了，好似出水芙蓉，可现在经济发达了，他的老婆营养过剩，整天吃了睡，睡了吃，养得跟头猪似的。（众大笑）（师：跟猪八戒差不多了。）和猪八戒可真算是天造的一对，地设的一双了。她的父母也着急，为什么呢？女儿嫁不出去。高员外听说猪八戒又要来娶他女儿（师：和她复婚。），真是求之不得，立刻答应了。（师：高员外这回不嫌他长得难看了，一者高小姐也不俊了，二者猪八戒成了菩萨了。）高老庄有个习俗，新郎官要背新娘入洞房。可猪八戒不知道他媳妇长胖了，背着媳妇就飞也似的往洞房走，没走两步，就摔了个狗吃屎，还被新娘来了个泰山压顶，（众大笑）压得他半天喘不过气来。（师：够重的。）从此，就有了一个歇后语："猪八戒背媳妇——费力不讨好。"（众鼓掌）

师：老师们一阵阵的笑声，是对你最大的奖励。多少分？180分。有话对我说吗？

生：谢谢于老师给予我这么高的分数。

师：不高，不高！（师再为她加上20分；众大笑）因为你谦虚再加上20分，这20分叫谦虚分。掌声！

师：我想请一个最佳演员上来读（殷彬炜上来）。为什么请你读，你知道吗？因为，你是第一个最佳演员，你演黄鼠狼的爹演得那么好，作文写得一定不差，读给大家听听，好吗？

生：我的题目先不告诉大家，请大家听完了，再说。（师：这叫卖关子。）近几年呀，伪劣产品不少，连鞭炮都有了假。我想放鞭炮，可是老爸不许，我才不管呢！一天，我趁爸爸不注意，偷偷地买了几盒鞭炮。可又怕声音太响，老爸听到后会骂，不过"山人"自有妙计。（师：你是诸葛亮啊！）中午，老爸睡午觉去了，我偷偷摸摸地走进卫生间。"嗖"的一声，把点燃的鞭炮扔进了马桶。（众笑）"叭！叭！叭！"哇，连续响了三声，太爽了，再放一个。一秒，两秒，三秒，咋还不响呢？（师笑）我靠近马桶，突然声音响起，哎呀，吓死我了，把我吓得魂都没了。没关系，我再放。这时老爸要上厕所，我见了，想啊，这马桶里的鞭炮还没响，老爸要是坐上去，惨呀！我正想加以阻止，可是来不及了，呀，老爸已坐上去了。只听"叭！叭！叭！"三声响，我听后，赶快跑了……老爸大吼道："臭小子，敢在马桶里放鞭炮，害得我屁股'开花'，你给我小心点！"我回眼望去，老爸已拿着鸡毛掸子向这边跑来，还能干什么呀？快跑！老爸一边追一边喊："马桶里放鞭炮——亏你想（响）得出，站住！"（众鼓掌）

师：最后把题目说一说吧！

生：题目就是："马桶里放鞭炮——亏你想（响）得出。"（众笑）

师：也只有他（指着殷彬炜）想得出。（众大笑）200分，怎么样？

生：很高兴。

师：很高兴，回家读给你老爸听，（众笑）一定读给你老爸听。（众大笑）如果读给老爸听，再加50。多少分了？（生：250！）（众大笑）噢，250不好听，那就再加10分，260吧！（众笑）你叫什么名字？

生：我叫殷彬炜，殷彬炜的"殷"，殷彬炜的"彬"，殷彬炜的"炜"。（众笑）

师：没错，没错，但是，等于白说！（众笑）

师：同学们，我给大家布置个作业，回去以后，认真修改作文，改好后，抄在作文本上。你们的语文老师一看肯定乐开花，给予的评价一定比我还高。另外，我给大家出个题目，一个大题目，如果你对歇后语作文感兴趣，可以找个本子来，自己写个名字——"歇后语故事集"，继续写下去。希望歇后语作文能在你小学阶段里留下美好的回忆。

（下课）

［附：部分同学的作文］

屎壳郎腾空——硬充战斗机

很久很久以前，有一只肥头大耳的屎壳郎，整天游手好闲，不务正业，那肚子里的垃圾，比它吃的屎儿还多呢。

有一天，屎壳郎刚从粪堆里爬出来，突然，天上一个巨大的家伙遮住了阳光。屎壳郎一看，傻了："嘿，这世道上还有比我有能耐的？

看来我真是井底之蛙啊！"屎壳郎表面上这么说，可心里哪会服气啊，他决定重出"江湖"，再现"英姿"。于是，他这儿找找，那儿瞅瞅，一眼便瞧见了马大姐，于是便主动上前说："马大姐，您可是我们村儿上最热心的，能告诉我那黑乎乎的是什么吗？""噢，那个啊，是飞机，停在那个什么场，离这十几里呢！""噢，十几里，十几里！我的妈啊，那要走一年呐！"

于是屎壳郎带着一年的干粮，经过了严寒酷暑，终于走到了飞机场。

"哇！这儿那么多飞机呀。哇，这架真宏伟，我就上这架了。"于是屎壳郎打了打领带，爬进了驾驶室。一进去，便和驾驶员打招呼："大哥，你好，俺叫屎壳郎，请多多指教！"可他声音太小，驾驶员怎么会听见呢！

忽然，警铃响了。"准备战斗！"屎壳郎提提精神，准备出发。顿时，天空中战斗机乱飞，屎壳郎那架飞机也很厉害，一会发个"飞毛腿"，一会又来了"跟踪者"，屎壳郎高兴得上蹦下跳，真是太威风了。老"屎"想，我也有翅膀，也可以充当战斗机。于是他飞出机舱，参加战斗。

可是"屎壳郎"号战斗机一下子被击中了，坠毁了。

唉，他充的什么战斗机！（江源）

猪八戒照镜子——里外不是人

话说，猪八戒这个"花花公子"，在取经过后，想找个老婆。于是，猪八戒四处打听，终于，他打听到一个又漂亮家里又有钱的单身姑娘。

一天，猪八戒找出他买了几年但从没穿过的西装，他穿上西装，涂上摩丝，穿上皮鞋，把牙刷得白白的，来到"未来丈母娘家"求亲。猪八戒理了理衣服，踏进了门。呵，来招亲的人还不少呢！猪八戒发现他们个个是大老板，人又帅，心里不禁紧张起来。

"大家静一静！"丈母娘出来了，"现在请各位按先来后到的顺序进里屋见我女儿。"猪八戒是第33个到的，等啊等，终于轮到他了，来到里屋，猪八戒不禁被"娘子"的美貌迷住了，他的两只猪耳、一个特大猪鼻又暴露出来。"娘子"被猪八戒吓坏了，连忙大喊："娘，娘，救命啊，有妖怪啊!""丈母娘"连忙跑了进来，把猪八戒轰了出去，还对他说："去你的，这里是畜生来的地方吗？如果你是个人，倒还能考虑考虑，滚!"

猪八戒到了家里照了照镜子，西装、皮鞋样样俱全，可就是那脸，怎么也不像是人，猪八戒也只好死了这条心。（张云波）

猪鼻子插葱——装象

猪八戒自从西天取经回来以后，就住在当年他抢新娘的高老庄，除了每天几场麻将少不了以外，也就是睡觉、吃饭这些事了。

这几天，高老庄里来了一个缅甸来的大象马戏团，高老庄里上上下下几百口人，哪见过大象这新鲜的玩意儿，全跑去看热闹了。猪八戒正在家里打呼噜呢，门外的喧闹声把他给吵醒了，一打听，才知道庄上来了群大象，猪八戒最爱看热闹，连鞋都没穿就跑出去了。

再说马戏团这边，呀，真是人山人海，水泄不通啊！猪八戒费了九牛二虎之力挤了进去，只见大象威武地站在人群之中，大家的眼睛都齐刷刷地望着它。猪八戒有点不服气了，心想：想当年我当天蓬大元帅的时候多威风啊，可如今我却只能在这高老庄混日子，你大象倒得志了。你不就比我多了两根象牙吗？他越想越气不过去，赶紧跑回去，找了两根大葱往鼻子里一插，冒充象牙，梳了梳那几根猪毛，大摇大摆地走了出来。果然，猪八戒这招引来了不少人的目光。正当他洋洋得意之时，人群中却突然有人高喊："猪八戒，你别臭美了，瞧你那丑样儿，能和大象比吗？"人们也附和着哈哈大笑起来。猪八戒呢，把葱拔出来往地上一扔，踩了几脚，跑回家躲进被窝里，又睡起觉来。猪八戒啊猪八戒，谁叫你妈把你生得不是个样呢！（陈嘉伟）

谁听了我这两节课，都说"有意思"，很多热心的老师为此写了好多夸赞我的文章。至于学生，他们更觉得有意思。不少学生写得兴起，一口气写了好几篇"歇后语故事"。有几个人竟为自己出了一本"书"——《歇后语故事集》——超过四篇的人，自己打印，自己装订，并自己设计封面。

三

"题好文一半"，讲究命题的艺术。

叶圣陶先生说："心有所思，情有所感，而后有所撰作。唯初学作文，意在练习，不得已而采命题作文之办法。苟题意所含非学生所克胜，勉强成篇，此于其兴味及推理力催残殊甚。是以教者命题，题意所含必学生心所能思。或使推究，或使整理，或使抒其情绪，或使表其意志。至于无谓之翻案，空泛之论断，即学生有作，尚宜亟为矫正；若以之命题，自当切戒。"

是的，命题作文虽然违背了文章产生的"自然程序"，但作为一种练习，也有其长处，很难废止。问题是，我们的命题，是否让学生感到有东西可写，所命的题目，能否激发出学生的表达欲望。实践证明，只要命题得当，能激起心中的"积蓄"和表达欲望，仍然是可行的。再说，我们日常生活中也有"命题作文"的情况。比如杂志社向我约稿，就是"命题作文"。有的是出题的，如"你对当前语文教学中的'教什么'的看法"、"你是如何备课的"，等等。

我是怎样为学生命题的？命题有什么学问？

1. 命题宜小不宜大

学校开完运动会，如不假思索地出一个《记我校春季运动会》，就大了。学生会有"老虎吃天"的感觉。我一般是采取"化整为零"的办法，开出一些小题目让学生选写，如《记男子200米决赛》《记女子跳高冠军××》《男子400米接力赛》《开幕式》等。

如果有人想多写一点，则出个《我校春季运动会拾零》，或者叫"散记"、"一瞥"什么的，这样的题目，不需要学生在文章结构上费心思。

写参观记、游记之类的作文，我也常常把大题化小，或者让学生采取写散记的形式，如《徐州彭园的树》《峄山的奇石》《我站在峄山之巅》。化大为小，化整为零，实际上就是化难为易，起到了帮学生"裁剪"的作用。

2. 题目要有趣味性

学生对自己最了解，所以不少老师让学生写自己，这无疑是个不错的选项，但命题很有学问。请看我为学生出的题目——

《我的自画像》《我这个人》《嘿，我这个人》《哈，我这个人》《唉，我这个人》《马尾拴豆腐——不能提》《我只能悄悄地告诉你》……

我请学生根据自己的情况，任选一个题目写。学生们看到这些题目，无不露出会心的微笑。

不少老师也让学生写《我的同桌》，或者写《我和我的同桌》，这也是个好主意，因为学生对同桌很熟悉。我是怎样命题的呢？请看——

《远亲不如近邻——我和我的同桌》《近朱者赤——我和我的同桌》《邻居好，赛金宝——我和我的同桌》《井水不犯河水——我和我的同桌》《不准越过"三八线"——我和我的同桌》《和为贵——我和我的同桌》……

有时，我还根据同桌学生的"属相"命题——

《一山能容二虎——我和我的同桌》《一山容不得二虎——我和我的同桌》《虎落平川遭兔欺——我和我的同桌》《马羊同圈——我和我的同桌》《二马——我和我的同桌》，等等。

于是，学生们笑着"对号入座"。

以上题目，学生无论选择哪一个写，行文都是轻松的，笔调都是活泼的，即使写《不准越过"三八线"——我和我的同桌》，描写的也是充满童真、童趣的"边界之争"。

3. 命题要让学生"情动"，激发学生的表达欲望

三八国际妇女节前夕，如果出一个《我的妈妈》作文题让学生写，学生可能会无动于衷，如果改为《妈妈，您辛苦了——写在三八国际妇女节前夕》，学生情感的琴弦便会很容易被拨动起来。"情动"才能"辞发"呀！而且，用第二人称写作文，更容易抒发感情。

我教过十几届毕业班。同学分手、师生分手的心情是难以言表的。我每送走一届毕业生，就发誓一次——不再教毕业班了。但身不由己，校长说我是"把关教师"，要把"六年级"这一"关"把好，让每个学生成为合格的毕业生。其实，也含有追求"升学率"的意思。只是我的校长聪明，不明说罢了。

我曾经为即将毕业的学生出过这样的题目——

《回眸》《把母校看个够》《感谢母校》《母校的雪松》《老师，请记住我》《给于老师的一封信》《话别——写给×××》《请原谅我——写给我曾经的同桌×××》《我会永远记住你——写给我曾经的同桌×××》《为我的几位同桌画像》，等等。

这些题目很容易激起学生情感的波澜。"情动于衷而形于言。"一旦学生的情感被激发出来了，心中的"积蓄"也会被激活，自然就会"文思泉涌"、"笔走如飞"，写出有血有肉的文字。

4. 命题要"命"到学生心眼里去

《妈妈的叮嘱》和《妈妈的"唠叨"》，要求写的内容完全一样，但后者显然更能被学生接受，因为"唠叨"一词，说到学生心眼里去了。当然，必须加上引号，否则意思就变了。

《我读书的收获》显然不如《书是我的良师益友》，《书是我的良师益友》显然又不如《书，谢谢你》受学生欢迎。

总之，命题的学问很大，是个永远研究不完的课题。

四

师生共写，当好"对话教学"的"首席"。

叶圣陶先生说："唯有教师善读善写，乃能引导学生善读善写。"

现代教学论认为，教学是老师、学生、编者与教材四者之间的对话。"对话"昭示着民主、平等、尊重。教师是对话中的首席。什么是"首席"？就是在教学中，老师要和学生一起读、一起写，在听说读写诸方面要高于学生，起引领的作用。比如写字、朗读、理解、表达等方面，必要时，要示范。

在作文教学中我要求学生写的，一般情况下，我也写，有时可能写两篇，甚至三篇。一"下水"，便知"水"的深浅，便取得了指导学生的发言权。"纸上谈兵"，总是有局限的。写"下水文"有很大的乐趣，我常常陶醉在用文字为自己营造出的小天地里，甚至百看不厌，徘徊其间，忘乎一切。五十岁之后写的"下水文"，似乎更好些，语言、感情、意趣，更贴近小学生。

学生之所以喜欢上我的作文课，原因之一，是想看（听）我的"下水文"——于老师是怎样写的，老师高明在哪里？

读了萧红的《祖父的园子》，我和学生一起像萧红那样写一件自己的童年趣事。我写的《"礼物"》，把学生乐坏了。

"礼　物"

这是发生在小学四年级的事。

我的同桌叫蔡华，女的。她人倒是挺好，就是爱管我。上课偷看小人书，管我；和别人说话，管我；偷着画画儿，也管我。我稍有不满，她就威胁我："不听话，告老师去。"

我心想，得治她。

一天，早自习，我送给她一个小盒子，悄悄地说："这是我送你的礼物，请收下。"

她接过去问："里面装的什么礼物？"

"小小的礼物，现在千万不要打开。"

她说："越不让我开，我越得开。"她打开盒子，里面有个小纸包；她把小纸包打开，里面又是一个小纸包；她再把小纸包打开，里面还是一个小纸包。

我赶紧说："最后一个小纸包别打开了，再打开，礼物就要跑了。"

她越发要打开。最后一个小纸包一打开，她吓得尖叫一声，把纸包扔在地上，大声骂道："你这个大坏蛋，你别叫于永正，你叫于永歪算了！"

原来纸包里包的是一条毛毛虫！

我一读完，有位学生笑着说："于老师好坏哟！"似觉不妥，又连忙补充了三个字——"小时候"。

我笑着说："冰心说：'淘气的男孩是好的，淘气的女孩是巧的。'"于是，学生们再笑，但这是会心的笑。

学生写"歇后语故事"时，我也写。写完了，学生念给我听，我念给学生听。

下面是我写的《猪鼻子插葱白儿——装象》。

小黑猪心里一直很憋屈，而且百思不得其解：我比小象哪里差？论体型，论眼睛，论耳朵，论皮色，论尾巴，我和他毫无二致嘛！为什么小象受到了人们的推崇，甚至被奉为吉祥物，制成工艺品，摆放在人们家里显要的地方？还说它会给人带来"吉祥"！"祥"和"象"不是一个字呀，只是读音相近而已！这太不公平了吧？难道我小猪的"猪"不可以理解为"珠"吗？黑珍珠不也很珍贵吗？

"算了，不想了。"小黑猪自言自语地说，"到外面散散心去。"

　　小黑猪来到一个菜市场。它看见一个卖葱的。卖葱人吆喝道："卖葱了，山东章丘的大葱！"

　　你别说，章丘的大葱真是名不虚传，光葱白儿就有一米多长！小猪看到又粗又长的葱白儿，忽然想到了大象的牙。小猪暗想："如果说我和小象有什么区别的话，就在于我少了两颗长牙。如果有了一对长牙，我绝不比小象逊色！"

　　小黑猪眼珠子骨碌一转，连声说："有了，有了！"

　　小黑猪买了两颗大葱，回到家里把两段长长的葱白儿洗干净，插进鼻孔里，背上再搭一条妈妈的红围巾，去找小象。

　　小象见了，竟认不出它是小黑猪了，以为来了一位象弟弟！

　　"象小弟，你从哪里来呀？"小象惊喜地喊道。

　　小黑猪带着浓重的鼻音说："我从森林里来呀。我能和你交朋友吗？"

　　"那好呀，咱们一起到歌厅唱歌吧！"

　　小黑猪高兴地说："我可是动物王国里的著名歌星啊！那首有名的《猪哼哼》是我的成名作！你听过吗？"

　　说完，他拉着小象的手向森林走去。森林里的小兔啦、斑马啦、小鹿啦，都用一种异样的眼光看着小黑猪。有的说："这是什么动物呀？说它是猪吧，它还有两颗长牙；说它是象吧，它的鼻子却不长！"有的说："说不定它是从傲来国来的吧！外国的象当然和我们的象不一样。"

　　小黑猪听了非常得意。

　　不久，二位来到了一座卡拉OK歌厅。小象对听众说："女士们，先生们，这是我的象小弟，是我们动物王国的歌星，欢迎它来给我们唱一首歌。"

　　小黑猪向听众鞠了一躬，正要亮嗓子，忽然打了一个喷嚏，两颗长牙应声落地。大家一看，原来象弟弟是一头小黑猪！

　　小黑猪羞得无地自容，连忙捂着脸跑了。

　　回到家，小黑猪自言自语地说："猪就是猪，象就是象，我干吗鼻子里插葱白儿——装象呢？"

我力求把"下水文"写得像模像样，语言规范一些，要求学生做到的，我尽量做到，以期起到"例文"的作用，能给学生以启迪，能消除他们的畏难情绪，并给学生带来轻松，带来信心，激发起他们的兴趣，尽力做到无愧于对话教学中的"首席"。

我从来不在学生没写好之前读"下水文"，如果学生确实遇到困难，写不下去了，我会读读其中的片段，加以引导。如果在学生尝试以前读，会封杀学生的想象力和创造性，是万万要不得的。但学生都把草稿写好了，我一定和学生共读。我会认真听学生读（一般读三五篇，上中下都有），边读边评改。我也要求学生认真听（看）我的"下水文"，听（看）后说说哪些地方你欣赏，还有哪些不妥之处。让学生在师生共读、共品、共评中，感受尊重、民主和平等，感受老师是怎样充当"首席"这个角色的。

五

当堂面批学生作文。

这一招是跟贾志敏老师学的。1984年秋，我在安徽蚌埠听贾志敏老师执教的"素描作文"——"盲人过马路"。我跟贾老师学了两招：第一招，学会了"素描作文"；第二招，当堂评改学生的习作。贾老师当堂评改学生的作文，精彩之极！他的超一流的语感令人折服！原来作文课可以这样上！京剧艺术大师梅兰芳先生的一句名言在耳畔响起："不看别人的戏，就演不好自己的戏。"不看贾老师的作文课，还真不知道怎样上作文课呢！当堂评改，虽说只评三五人的，获益的却是全班学生！更妙的是，贾老师评过之后，再次让学生修改自己的作文！贾老师的"当堂评改"，实际上是"二次指导"。从此以后，我的"作前指导"也像贾老师那样，只是提提要求，并不细说。作前指导越细，要求越具体，对学生的束缚就越大，不利于学生个性发展。等学生都写好了，通过点评三五位学生的习作，以及听老师读

"下水文"，学生定能从中得到启迪，发现自己的不足，领悟到应该怎样改——删掉什么，增添什么。

请看我当堂评改学生习作的两个教学片段。

先看《劝戒烟》片段。这是一位学生写给爷爷的信。

　　生：（念）爷爷：您好！（师插话：因为是写信，"爷爷"前面应加上一个有感情色彩的词语。学过《凡卡》吗？凡卡给爷爷写信是怎么称呼的？）亲爱的爷爷：您好！我，您的孙子在给您写信。此时，我的心情十分复杂！是焦虑，还是忧愁？确切地说，是对您的爱。（师插话：诗一般的语言，很动人。）今天，我知道了吸烟的害处，不由得想到了您。爷爷，为了您的健康，戒烟吧！（师插话：语气多么恳切！）香烟是人类健康的大敌！您知道吗？把一盒烟里的尼古丁抽出来注射到一头牛身上，能把牛毒死！（师插话：爷爷看到这儿，一定会大吃一惊。）您常说："饭后一支烟，胜过活神仙。"每当您坐在沙发上吞云吐雾、大口大口地抽着香烟时，您可知道，您吐出来的是一条条杀害人的绳索！它会把您的脖子越勒越紧。（场内爆发出热烈的掌声）气管炎、肺气肿、高血压、心脏病会排着队向您走来。（师插话：太形象了！写得富有文采。）听奶奶说，有一段时间您戒烟了，可现在又抽起来了，我真为您的前功尽弃而痛心！您没有戒掉，是因为您没有毅力。爷爷，当您拿起香烟时，想想吸烟的害处吧！想想那可怕的癌魔吧！（师插话：分析了没戒成功的原因，指出了戒烟的方法。）爷爷，为了您的健康，彻底戒烟吧！

　　师：读完了？别忘了，这是写信。

　　生：还要写祝颂语、名字和日期。

　　师：这封信的祝颂语最好写什么？

　　生：祝爷爷戒烟成功，身体健康！

　　（掌声）

《四毛的故事》片段，这是一位学生的"看图作文"。

生：（读）《"66"变"99"》。同学们，当你们看到这个题目时一定很奇怪，"66"怎么会变成"99"呢？事情就发生在四毛的身上。（师：把"就"字划掉。）四毛，你们不认识吗？他就是三毛的弟弟呀。（师：好，你们看，她用的是什么开头方法呢？先提个问题，然后进行人物介绍，这就好往下接了。）这天天气格外晴朗，丁老师满脸怒气地夹着一叠试卷走进教室。（师：既然丁老师心情不好，干脆把天气改为下着小雨，这样的环境使得老师心情更难过。晴朗就不衬了。写景要注意起衬托作用，根据人的心情来写。因为这是想象作文，是允许的。）"砰"的一声，丁老师把试卷重重地放在桌子上，（师："重重地"这个词语用得好，把丁老师的心情表达出来了。如果我改作文的话，一定在"重重地"下面画三个红圈。这句话写得太真实了，真实就是美。）然后严肃地说："真想不到，这次数学考试我们班竟考得这么差！"（师：这不是"严肃"，你看该怎么改？）"难过"。（师：好！）说完，丁老师在讲台前来回踱着，他突然转过身："你看，就连平时成绩名列前茅的四毛也只考了 66 分！"

丁老师大吼一声："四毛，你上来！"（师：嗬，够厉害的！不过你将来当老师时可千万别学丁老师这个样。）（笑声）四毛战战兢兢地走上讲台。（师："战战兢兢"，说明四毛心里害怕极了。这个词用得好。）丁老师立刻拿起试卷给四毛看："你看吗，多少分呀？才 66 分！唉——你、你……7×3 你怎么会等于 20 呢！这是怎么回事呀？"四毛低着头小声地说："我……我不管它三七二十一就写了个'20'。"（师：写得好，感情体会多深啊！）丁老师听罢更生气了："什么？你不管三七二十一就写了？这还像个学生的样子吗！"四毛听了，胆战心惊地说："我今后一定改。"丁老师严厉地说："你不管三七二十一，我也不管三七二十一了——把试卷拿回家去签字！"（师："拿回家去让家长签字"，要加个"家长"。）四毛听了，小声说道："这回就别……"（师："小声道"应该换个什么词才能把四毛的心情表达出来？我相信你有这个本事。）"恳求"。（师：还有比"恳求"更恰当的吗？）"请求"。（师：还有比"请求"更恰当的吗？）"乞求"。（师："乞求"重了，还没到那个地步。）"哀求"。（师：他还没哭呀，还没难过到那个程度。咱们的汉语词汇可丰富啦，再想想，还可用什么"求"？）"央求"。（师：好！接着往下念。）"丁老师，下回……下回我考好了再让家长签字，行吗？"丁老师听了更生气了，他大声地吼道："考试竟不管三七二十一！回家让家长签字去！"四毛听了，无可奈何地回到座位上，耷拉着脑袋不说话。（说到此，台下听课的老师热烈地鼓掌）

当面评改，以鼓励为主，放大优点，示范全班。特别明显的问题应指出来，不当之处，则予以修正。

我时时记着"以人为镜"这句名言。从蚌埠回来，我读书更认真，朗读更用心，写作时更重视推敲，力求有贾老师的敏锐的语感，力求能在瞬间辨析出学生表达中的语病并当即予以纠正。一句话：力求做个称职的"语言医生"。

六

让学生的习作"上墙"。

"作文上墙"具有巨大的激励性。所有学生都渴望老师评讲作文时朗读他的作文（或片段），至于"作文上墙"更是他们梦寐以求的事儿。作家黎汝清曾说过："我之所以立志当作家，就是因为读小学时，有一篇作文被老师看中，贴在了墙报上。"我小时候特别喜欢画画，就是因为我的画经常被老师贴在墙报上。我深知"上墙"具有的激励作用，因此，千方百计地、尽量多地让学生的习作"上墙"。作文上墙，既有激励作用，也有交流作用。我会尽量缩短上墙的周期。

后来，有了发表学生作文的报纸和杂志，我的学生也有投稿的，一旦发表了，当然为之高兴，当作班级里的喜事来办。

七

适当开展"作文比赛"。

研究和实践表明，竞赛是激发学习积极性的有效手段。社会性的竞赛，历来被认为是激发人们的斗志，调动人们积极向上，克服困难，争取完成任务，获得优良成绩的有效手段之一。在竞赛过程中，威信性动机或获得自尊和自我求成的需要更强烈。由于在竞赛中学习兴趣和解决困难的毅力大增，因而多数人在比赛的情况下，学习和工作比没有比赛的情况下要好得多。当然，比赛不可频繁，要恪守"中庸之道"。

我每学期组织一次作文比赛。上半年在六一儿童节前举行，下半年在元旦前举行。一次比赛一般写三篇作文，以三次的平均分论等次。一、二、三等奖各占约三分之一。人人都有奖，奖品是我买的书。书的厚薄、价格没有什么大的差别。一样的奖品，会让三等奖获得者得到些许心理上的平衡——"哈哈，我的奖品和你们的一样呢！"

在作文比赛期间，学生跟过节似的，很兴奋，很努力，很认真。学生们似乎并不在乎比赛的结果，不在乎我颁发的奖品，过程让他们获得的感受更多。"更多"中的一个，就是"参与"，就是"参与"中的那种积极和热情。这，的确比结果重要得多。第一篇作文写好后，他们接着会问：第二篇写什么呀？第二篇写完后，他们又会问：第三篇写什么呀？我反复强调的是先跟自己比——每一篇比上次的分数提高了没有。自然，我会让每位学生比上次的分数高，哪怕只高一点。其次，与上次获得同等名次的同学比——比一比，这次谁进步得快。

我深知作文教学的重要性。我所做的一切，就是让学生喜欢作文，进而带动阅读，以写促读，以读促写，读写结合，相辅相成。

有人问我，写作练习有没有一个序列。我说，大概没有，至少我没找到。语言文字的运用，只有起点，没有终点；运用语言的本领只有更高，没有最高。比如写一处景物，如果说有序列，开始可能只是要求写看到的静物，继而要求写动物，做到有动有静，动静结合；接着会要求关注"听"，写上听到的声音，把文章写得有声有色，并学会打比方，学会拟人；再进一步要求学会"引用"——写春天（或秋天）的景色时，恰当引用一两句古诗，让作文有点"内涵"，有点"文化"。上述要求也只是我的主观设想，有些学生，你不说，可能就提前做到位了，只是不自觉罢了。与其他能力一样，写作能力，一开始就会呈现出千姿百态、参差不齐的状态，硬要搞出个练习"序列"来，难！

"夕阳芳草寻常物，解用皆为绝好词。"万事万物皆可入文。只要学生写起来就好，写什么都行，我们的目的，不就是让学生学会"用笔说话"吗？

还有人问我：作文怎么批改？作文教学是最能体现"自主、合作、探究"的学习方式的。文可以自写、自改、互改、互评。自改、互改最重要。谁跟谁"互改"？首先，班里前十名与后十名互改，其他自由结合。"互改"什么？先改错别字，再找写得好的句、段，再找不通的句子。好的句段，用波浪线标出；有问题的句子，用直线标出；用得恰如其分的词语画上圈儿。要有"眉批"和"总批"。我会把"互改"后的作文看一遍，并打上等第（或分数）。学生最关注老师的"分数"。对没发现的优点或问题，我会再标出来，或者写出来。学生好不容易写出来一篇作文，如果我不过目，不给个"说法"，我会感到内疚，学生也会失望，就像当年我上学时对老师的期盼一样。

八

劳于读书，逸于作文。

谈到作文，不能不提到读书。古人对读写的关系已经说得很清楚了。

读书是写作的基础。问题是，我们应该怎样引导学生读书。我的做法主要有两点。

第一，激发兴趣，养成习惯。兴趣是在尝到甜头的前提下，慢慢激发出来的；习惯则是在长期实践中慢慢养成的。到后来，两者实际上是一回事。

实践告诉我们，好习惯的养成，开始往往都带有强制的性质。所谓"强制"，就是开始要提出明确的读书要求，如每天读多少页书，读书要做摘抄，等等。凡是我提出的要求，我会经常检查，做到了的——表扬，没完成的——批评。老师要做到"说一不二"，既有"布置"，又有检查。一般地说，学生怕"顶真"的老师。有时师生共读一本书，我曾经和学生共读萧红的《呼兰河传》。要求：1. 摘抄词语；2. 朗读书中描写的三件童年趣事；3. 仿照书中的例子，写一件自己的童年趣事。读完之后，班里举办读书交流会。学生们一一通过课件展示了自己摘抄的词语，朗读了自己喜欢的一个片段和习作。最后，我也展示了自己摘抄的词语，朗读了我喜欢的片段和作文。

这样做的目的，一是为了告诉学生应该怎样读书，二是想告诉学生，老师"说到做到"。

学生一旦尝到了甜头，就会有兴趣；一旦有了兴趣，好习惯离自己就不远了。

第二，告诉学生，要抱着学习写作文的目的读书。读书的目的固然很多，但不要忘了"书是最好的作文辅导老师"，不要忘记从书中学习写作文。首先，要学语言；其次，学习表达方法。你不是不会写人物外貌吗？遇到书中写人物外貌的句段，就反复读几遍。你不是不会写人物对话吗？那就多关注书中的人物语言描写（包括它的呈现形式）。你不是不会写动物外形吗？你不是不会修辞吗？这一切，书中都会告诉你。

上边这些话我是挂在嘴边上的。从我读初中一年级想当作家那一天开始，我就是抱着学习写作的目的读书的，所以我读书收获的就多。我对学生说的话，都是自身体会。

当学生学会了读书，养成了读书的习惯，当学生的作文成绩逐步提高了，他们读书、写作的兴趣就更浓了。

我在赠给学生的书的扉页上，题写最多的话是："劳于读书，逸于作文。"

上好课，把课上得有意思，是我毕生的追求。上课，我关注的是学生，关注学生的情绪、注意力、反应等学习状态，透过学生的表情、反应，随时调节、改变授课结构和策略；对于学生的学习表现——听、说、读、写，给予正确的评价与引导；同时，调控好自己的情绪、讲话的声调、声音的大小、强弱、疾徐。这些方面远比教学设计重要。教学艺术首先不在教材处理、教法选择、环节设计等纯教学技巧上的东西，而是我们如何对待学生，特别是如何对待学困生和"调皮捣蛋"的学生。站在教育哲学这个层面上谈教学艺术，其本质首先不是处理教材的艺术，而是善待学生的艺术。

我甚至认为，而且多次说过，一位老师能善待学生，又有较好的语文素养，他怎么上都能把课上好。

人们之所以把我们老师称为"教书的"，就是因为我们的主要工作就是上课。因此，把课上好，才会赢得学生的爱戴。只是"人好"，学生只会尊重我们，但不会佩服我们，更不会崇拜我们。

奥地利教育家布贝尔说："当教育者赢得了学生信任时，学生对接受教育的反感就会被克服，而让于一种奇特的情况：他把教育者当作一个可亲近的人。"

第九章
"明天的风景"

> 有人说，成就自己的，是"明天的风景"。这是诗人的语言。说白了，就是一个人得有追求，有自己的人生目标。有了目标，才会有前进的动力。

一

读小学时，痴迷画画儿。开始时，临摹古典小说上的绣像和年画儿上的人物。得知同学梁延生家的墙壁上有一幅"三英战吕布"的年画儿，心中大喜，便跑到他家，跪在炕头上临摹。后来有了连环画（我们称之为"小人书"），我几乎把《三国演义》《水浒传》《西游记》里的人物画遍了。不喜欢《红楼梦》，因为里边没有我崇拜的或者喜欢的人物。父亲从徐州寄来不少精美的本子，我画了一本又一本。再后来，又喜欢画戏曲人物和花鸟虫鱼。每年春节临近，我便忙得不亦乐乎——写春联、画年画儿。贴在炕头上的四幅屏，贴在窗户两旁窗户上方的"窗旁儿"和"窗兜儿"，都是我画的。春节，看着被自己装扮一新的家，心中有说不出的高兴。至今，我还保留着春节大扫除、贴春联、布置房间（如换字画）的习惯，不然就觉得不像过年，没年味儿。

整个小学阶段，画画儿是我心中的"主科"，其他都是"副科"。我之所以没日没夜地画，是因为"明天的风景"——长大想当画家的梦想支撑着。

说"长大当画家"，其实，那时也并不确切知道"画家"是怎么一回事，是回答大人问话时说的。严格地讲，那时的"明天的风景"就是兴趣。

二

心中真正有了"明天的风景"，是读初中一年级的时候。受李晓旭老师的鼓励，想当作家；不是"长大当作家"，而是恨不得"立刻就当"。刘绍棠15岁不就写了一篇中篇小说《运河的桨声》吗？我读初一正好15岁。从此，读书不止，写作不断。晚自习和节假日都用在读书、写作上。星期天，一个人在教室里读老舍的《离婚》《骆驼祥子》《月牙儿》等小说，以及《人民文学》等杂志，是我中学生活最美好的时光之一。《茅盾文集》《巴金文集》《郭沫若文集》等大部头的书，则是在师范学校时看的。在中学和师范，"文学"是我心中的主科，其他则是副科，包括我曾痴迷过的美术。

但"副科"我并未放弃，只是不下功夫去研究它们罢了。上课时，或期中、期末复习时，我还是很重视的。我对自己有个规定：不管什么学科，期中、期末考试，不得少于90分。这也是"明天的风景"之一。我是比较会学习的，能把一节课的内容，读成几句话，能把一本厚书读薄，即善于抓重点、要点。复习时，我先把各科的教科书通读一遍，边读边画重点、要点（有些重点平时就画了），第二遍、第三遍、第四遍再读的时候，我便只读我画的重点句、段，"时"半而功倍。我学得很轻松，成绩都很优秀。从中学到师范，我都是"三好生"。1977年3月至1978年3月，我在徐州党校学习马克思主义哲学、政治经济学，同班的大学生的考试成绩都不如我。有了目标，就有了前进的动力，即便这个目标很小。"当一天和尚撞一天钟"的毫无规划、毫无追求的人，终究会"赤裸裸地来"、"赤裸裸地去"。

工作了，几乎每个节假日，我都学着斯诺在《西行漫记》中写的学生时代的毛泽东——带上两个烧饼，跑到徐州市工人文化宫图书馆看书，去体验毛泽东的"进了图书馆，就像牛进了人家的菜园"的那种感觉。

正是因为"明天的风景"——作家梦的支撑，我才如饥似渴地读书，百折不挠地写作。从初中一年级到1966年夏，我的退稿已积攒了一大箱子！这期间，虽然只在徐州的《百花文坛》上发表了一篇散文——《我们的心，向北京》，但我毫不气馁，屡败屡战。人能行，我亦能行！"明天的风景"，让我有了百折不挠的倔劲儿。

"明天的风景"是当作家，而不是当教育家。这些努力与当老师有关系吗？有。读者切不要以为我每天不务正业。参加工作了，读书、写作与带好班、教好书并不相悖。工作是我的"主业"，写作是"副业"。我坚信，只有把工作做好，取得丰富的实践经验，对教育、对学生有了深刻的感受和认识，才会成为优秀作家。无病呻吟，虽然也可能博得读者一笑，但是那成不了气候。应该说，是读书和写作，成就了我的语文教学，奠定了以后成为特级教师的基础。这叫"有心栽花花不发，无心插柳柳成荫"。生活中这种"歪打正着"的现象，可以说屡见不鲜。

三

"文革"把我的作家梦彻底粉碎了。但读书、写作已成了我的习惯，不读、不写，会觉得生活中少了什么似的。于是把鲁迅的书找来读，把《毛泽东选集》四卷看了个遍。写什么呢？写日记，写"大批判"的稿子呀！因"批判"性的稿子写得好，在学校里，还获得了个"笔杆子"的称号——群众封的。

"文革"期间仍能坚持读书、写作，则是习惯的支撑。

四

"文革"结束后，"发表欲"死灰复燃。实际上是"作家梦"的延伸，只是不写小说、散文，而改为写教学随笔和教育、教学论文罢了。想法很简单：让自己的名字出现在报刊上。顽固地信奉"雁过留声，人过留名"的古训。

经过顽强努力，1980 年，我的第一篇论文《选材与命题》发表在当年第 12 期《江苏教育》上。和教授、学者们相比，我的优势在实践上。因此，我不因自己的文字浅陋而妄自菲薄，于是给自己规定：每学期精心钻研两篇课文，教好两篇课文，然后写出两篇文章。教材一发下来，我就在"目录"上圈出我喜欢的两篇课文，从开学第一天，就琢磨它。轮到教这一课时，我邀请领导和同事们来听，让他们提出改进意见。修改后，再到兄弟班上。当我和同事们满意了，文章也就诞生了。这样的文章命中率很高。

我最初发的，多数是执教某一课的心得体会。如《〈草〉的教学方法谈》《〈燕子〉教学札记》《〈小交通员〉教学四步》《我怎样教〈画鸡蛋〉》等。

老子云："九层之台，起于累土。"荀子云："不积跬步，无以至千里；不积小流，无以成江海。"

不能一口吃成胖子，一切要从小处着眼、微处着手。

我庆幸自定的这些"小目标"的落实！1984 年我参评江苏省中小学第二批特级教师获得通过，得益于我发表的文章。那时，与我同时参评的人，课上得比我好、班带得比我好的人多了，但很遗憾，他们落选了，主要是因为发表的文章少，有的甚至没有发表过文章。

当初，我为自己设定的这些"小目标"，只是为了想让自己的名字见诸报端而已，压根儿没想到后来会有评特级教师之说。看来，机遇真的是为"有准备的人"准备的！

是自己设定的众多"小目标"——这些"明天的风景"——的落实成就了我。当机遇向我走来时，是它们助了我一臂之力。

人生得有"目标"，即人们说的"明天的风景"。

五

如果说，1962 年到 1984 年，我是凭着我的直觉和基本素质教书，是"跟着感觉走"的话，那么，1985 年，我被评为特级教师之后，则比较理性了。从 1985 年到 1996 年，我在徐州市鼓楼小学带了两轮实验班（第一轮五年制，第二轮六年制），这 11 年的教育教学实践，使我的教育观、课程观、学生观发生了根本性的转变。

这里，我想说说我的课程观。

国家开设的小学课程都是从小学生成长这个角度考虑的。就像维生素 A、B、C、D、E 等一样，都是生命成长和维系生命不可或缺的（当然有个别课程的存在方式还可以研究），各门课程都得到落实，素质教育就在其中。问题是，为了"应试"，有些课程被边缘化了，甚至放弃了。好多高中生、大学生简谱都不识，不会唱歌，更不会演奏乐器；没有掌握一项健体的本领，不会与人交往。在21世纪，我们还在继续培养"四体不勤、五谷不分"的人，还遑论什么素质教育？

在鼓楼小学的11年教育生涯中，我有了强烈的课程意识、达标意识。第一，国家开设的课程要开全、开足，课程的要求要达到或基本达到。就语文课程而言，写字要达标，按照写字的规律，要求学生把要写的字先描红，再仿影，再临帖，直至写得比较规范，入楷书之体。朗读要达标，做到正确、流利、有感情，读得语气自然，不矫情做作。习作要达标，做到文从字顺、内容比较具体。阅读量要达标，把课标要求的背诵量、阅读量落到实处。所谓"达标意识"，即落实意识、过关意识。教小学生学语文，必须手把手地教，实打实地教，一句话：真教，教会。有人这样描述教学的三个境界：山是山，水是水；山不是山，水不是水；山还是山，水还是水。有道理，但听起来有点玄。还有人这样描述教学的三个境界：教过了，教对了，教会了。这比较实际。语文教学，我追求的是"教会"——字要会读、会写，入楷书之体；课文要会朗读，读得正确、流利、有感情；作文要会写，写得内容较具体，文字较通顺。教过了，教对了，我还要问自己：教会了吗？第二，要有自己的课程。在语文方面，我开发了古诗文课程、语文综合性实践活动课程、口语交际课程。在作文教学方面，开发了许多新颖的习作形式，如通信作文、交际作文、素描作文、歇后语作文等。我深知艺术教育的重要性，开发了美术课程、表演、舞蹈课程等。在音乐教育上，我们开发了器乐课程，要求每人学会一种乐器，把学习乐器演奏引入了音乐课，器乐合奏、班级合唱也引入了音乐课。人不可能都会画画儿，但每天都在接触音乐。人至少要会欣赏音乐，会唱歌。尼采说："不懂音乐，人生是一个错误。"音乐的确是养人的。此外，我还开发了大量活动课程。这些活动不属于语文，也不属于数学。当然，有时会把某些语文、数学的内容融入其中。儿童的成长离不开活动。为了儿童的成长，我不惜力，也不怕麻烦。

随着年龄的增长，实践经验的丰富，我对教育、对语文教育、对学生的看法，真的发生了深刻变化。我真的想带着我的这些认识再去教一个班——从一年级教到六年级。现在，我心目中的"明天的风景"真的更美，更理想。但，年纪大了。古人曾有"人到中年万事休"的慨叹，这显然早了点。如今，我慨叹"人到六十万事休"！是呀，六十岁了，你不想休也得"退休"！即使不退，精力、体力也不济了。因为做小学教师，要的是体力和精力。

我48岁那年的春节，带领我教的鼓楼小学那班学生，到民主路小学慰问德高望重的年逾八十的王树堂老师。他握着我的手感慨地说："我年轻的时候不会教，等会教了，又老了，退休了。"如今该轮到我这样说了："是呀，为什么教育这么难，非得人老了，才能对它有所领悟？"

我常说："来生我还做小学老师。因为我一踏入教育岗位，就知道该怎么教。"

可惜，人没有来生。所谓"来生"，只是一种自我安慰。

六

我曾经读过一篇报道日本一位几次获得世界马拉松比赛冠军的运动员的文章。记者问他几次夺冠的经验。他说，每次比赛前，他都先把整个跑的线路熟悉一下，在沿途每个五公里（好像是五公里）处，找一个标记。比赛时，每跑完一个标记的目标，他就有一种成功感，同时有了为下一个目标而努力的信心和力量。每完成一个小目标，就会觉得大目标离他不远了，越跑越有劲头。

这是一个富有哲理的、对我有着极大启迪性的故事。

无独有偶。蒋光宇先生在《成功的道路是目标铺出来的》一文中，有这么一段记载——

　　心理学家曾经做过这样一个实验：
　　组织三组人，让他们分别向着10公里以外的三个村子进发。

　　第一组的人既不知道村庄的名字，又不知道路程有多远，只告诉他们跟着向导走就行了。刚走出两三公里，就开始有人叫苦；走到一半的时候，有人几乎愤怒了，他们抱怨为什么要走这么远，何时才能走到头，有人甚至坐在路边不愿走了；越往后走，他们的情绪也就越低落。

　　第二组的人知道村庄的名字和路程有多远，但路边没有里程碑，只能凭经验来估计行程的时间和距离。走到一半的时候，大多数人想知道已经走了多远，比较有经验的人说："大概走了一半的路程。"于是，大家又簇拥着继续向前走。当走到全程的四分之三的时候，大家情绪开始低落，觉得疲惫不堪，而路程似乎还有很长。当有人说："快到了！""快到了！"大家又振作起来，加快了行进的步伐。

　　第三组的人不仅知道村子的名字、路程，而且公路旁每一公里就有一块里程碑。人们边走边看里程碑，每缩短一公里，大家便有一小阵的快乐。行进中他们用歌声和笑声来消除疲劳，情绪一直很高涨，所以很快就到达了目的地。

　　心理学家得出了这样的结论：当人们的行动有了明确目标的时候，并能把自己的行动与目标不断地加以对照，进而清楚地知道自己的行进速度与目标之间的距离时，人们行动的动机就会得到维持和加强，就会自觉地克服一切困难，努力达到目标。

　　是不是这位日本马拉松世界冠军事先看到了这位心理学家的实验，才有了他的这一举措？抑或是二人不谋而合？

　　无论怎样，心理学家的实验和日本的马拉松运动员的实践都告诉我们同一个道理——成功的路是由一个个目标铺成的。

　　蒋光宇先生在这篇文章里还介绍了罗斯福总统夫人的一件事：

　　罗斯福总统的夫人在本宁顿学院念书的时候，打算在电讯业找一份工作，以补助生活。她的父亲为她引见了自己的一个好朋友——当时担任美国无线电公司董事长的萨尔洛夫将军。

将军热情地接待了她，并认真地问："想做哪一份工作?"

她回答说："随便吧。"

将军神情严肃地对她说："没有任何一类工作叫'随便'。"

片刻之后，将军目光逼人，以长辈的口吻提醒她说："成功的道路是目标铺出来的。"

这两件事叙述完之后，蒋光宇先生说：

如果人生没有目标，就好比在黑暗中远征。人生要有目标，一辈子的目标，一个时期的目标，一个阶段的目标，一个年度的目标，一个月份的目标，一个星期的目标，一天的目标……一个人追求的目标越崇高越直接，他进步得就越快，对社会也就越有益。有了崇高的目标，只要矢志不渝地努力，就会成为壮举。

我的一生，正是不断努力地完成了一个个"小目标"，尔后完成了我的"大目标"——成为一个学生喜欢的老师。

如果说，我获得的主要荣誉称号是一个个目标的"标志"的话，那么，我可以开列出这样一串：

1963 年，评为"徐州市优秀中队辅导员"；

1965 年，评为"徐州市优秀大队辅导员"；

1978 年，获"徐州市鼓楼区先进教育工作者"称号；

1980 年，执教《翠鸟》，获徐州市鼓楼区阅读教学比赛第一名；

1985 年，获"江苏省小学语文特级教师"称号；

1995 年，获"国家有突出贡献的专家"称号，享受国务院颁发的政府特殊津贴；

1999 年 12 月 5 日至 6 日，国家教育部在南京召开了"于永正语文教学方法研讨会"，成为教育部"跨世纪名师工程"被推出的首位名师，时任人事司的丁焰司长说"于永正是一个榜样，一面旗帜"；

2001年，荣获"江苏省劳动模范称号"；

2002年，荣获"全国五一劳动奖章"。

当然，这些称号只是一路走来的"明天的风景"的物化，但这都是身外的，对我来说并不重要。它们只是个"标志"而已，跟我上小学佩戴的"一道杠"的小队长标志没有什么两样。最重要的是看我怎样做教师的，看我的学生在我的引领下，获得了怎样的发展。

不说别的，如果我教的学生连字都写不好，我还配其中的任何一个称号吗？

◎2001年8月赴西藏讲学，与拉萨市实验小学的藏族小朋友合影，右一为弟子刘尊立

第十章

还有话说

我的"为师之道"的最基本的东西说完了，但还不想把笔放下，总觉得还有话说。唠叨，大概是老年人的通病吧？

一

最后，我想说的是，做老师的要有文化，应该成为"文化人"。

一个老师能否在学校、在学生中站住脚，能否在教育教学中取得好成绩，成为学生喜欢的老师，最终取决于他的文化。著名学者陶继新先生说："人和人之间、学校和学校之间、国家和国家之间，最终的竞争力实际是在文化上。"那么，我们的文化是什么呢? 陶先生说，就是"中国传统的经典文化"。

是这样。所以，我们老师，首先要读《论语》《学记》《道德经》等经典，读读《弟子规》《三字经》等古代启蒙读物。切不要以为《三字经》《弟子规》是写给小孩看的。扩而大之，还要读读经典小说，背点古典诗词。眼界再开阔一点，还应该读读外国教育家和文学家的书，如苏霍姆林斯基、雷夫·艾斯奎斯等。做老师的，还得订阅报纸、杂志，从中及时了解教改的前沿信息，了解国家大事、世界大事。胸中没有世界、没有国家，或者对世界大事、国家大事知之甚少，甚至漠不关心，这不符合老师的身份，也很难成为出色的、学生喜欢的老师。

但是，读书多，获得的知识多，知道的事情多，懂得的道理多，还不等于有文化。

对于文化，陶继新先生还有个解释："文化就是以文化人。"什么是"以文化人"? 他说："经典的文化如果内化到我们个体的心里，外化出来就是一道绚丽的风景。因为经典文化可以改变我们的话语方式、思维方式，甚至言谈举止，以至于心灵状态。"一句话，"以文化人"就是把知识转化为人文素养，把理论转化为行为。简单地说，就是"学以致用"。

陶先生讲的，我深以为是。最明显的，读书可以改变人的"话语方式"。我的简洁、朴素、明快、流畅、幽默的话语风格，得益于读老舍、徐怀中、赵树理、冰心、张天翼、孙犁等作家的书。赵树理写的《李有才板话》，语言朴素得像掉渣的山药蛋，我喜欢；冰心的语言清新、淡雅，我喜欢；叶圣陶的语言洁净、明快，我喜欢；老舍的语言幽默、流畅，我喜欢；张天翼的语言不但幽默，而且灵动，我喜欢；读徐怀中的《我们播种爱情》，就像沿着一条小溪行走，闲适而轻松，他那轻松活泼的语言，我喜欢。

更重要的是，读书让我获得了很多知识，明白了许多道理，并影响着、规范着我的言行。老舍和朱作仁的书，告诉我要说真话，不讲假话，说对听者、读者负责任的话。读了《论语》《学记》《教育诗》《给教师的建议》等，让我拥有了教育的智慧。写纸条、搞活动，我是跟马卡连柯学的；越是后进生越让他多读课外书，不给学生打不及格的分，用一生的时间备课等，则是苏霍姆林斯基告诉我的；"有教无类"、"不愤不启，不悱不发"等，则是孔子馈赠给我的箴言；"教学艺术的本质不在于传授的本领，而在于鼓励、唤醒、鼓舞"，则是第斯多惠告诉我的。读了朱作仁教授写的《语文教育心理学》和有关教学情感的论述，我再也不手心朝下（覆手式）请学生站起来读书或发言了；在办公室和学生交谈，再也不让他坐在我的对面了。京剧界有句行话，叫"越细越有戏"。读书，让粗线条的我，越来越有模有样了。读了张庆先生写的《堵不住烦琐分析的路，就迈不开语言训练的步》《倡简·务本·求实·有度》等文章，我逐渐明确了什么是语文，什么叫简约，怎样教语文。在长期的语文教学实践中，我居然获得了"简约大师"的称号——汪潮教授封的。（见汪潮：《试论新课改条件下语文教学的基本状态》，2009 年第 3 期《小学教学》）读了美国作家吉姆·崔利斯写的《朗读手册》，进一步懂得了朗读和倾听的重要，因而在教学中更重视朗读和培养学生的倾听习惯。读了施良方教授著的《教学理论：课堂教学的原理、策略与研究》，进一步清楚了"教学"是怎么一回事，因而对老师如何教、学生如何学思考得就更多了。

陶继新先生告诉我们：读书，在明理的同时，并去践行，这才叫"以文化人"，这才称得上"文化"，这样的人才称得上是"文化人"。

如果不能做到"以文化人"，把读书获得的知识、理念、经验转化为自己的行为，那么读书就失去了意义。

一天，一位校长对我说，他学校的骨干教师都轮训过了，有的轮训了多次，但为什么有人转变不大，依然重复昨天的自己？为此，我写了一篇《重在转化》的短文。我在文中说：

> 我曾对山东省聊城市的弟子们说，你们拜师已经多年了，你们听了我不少的课和报告，也读了我的书，师傅的这两把"刷子"你们都知道了，今后就看你们的了。看什么呢？看你们的转化能力，看你们能不能把师傅的理念、经验转化为自己的教育教学行为。
>
> 转化有两种。一种是把理念转化为行为，这种转化需要创造性的劳动，需要付出一定的脑力、精力和体力。另一种是把别人的经验转化为自己的教育教学行为。这种转化比较容易，搬过来就行了。只要愿意，谁都可以获得成功。

所谓文化人，关键是一个"化"字。

二

一次，我到一所学校辅导青年老师朗读。一位大学毕业不久的男青年，怎么都找不到感觉，即便我领读——我读一句，他跟着读一句，也读不出应有的语气、语调。他无奈，我也无奈。我对他说："我敢断定，你从小学到大学，不喜欢音乐，不爱唱歌，没学过演奏乐器，更没参加过任何文艺演出。对美术、书法大概也没有兴趣。在学校里，你除了读书，就是做题，而且考试成绩绝对不错。"

他笑着说："是这样。"

这位年轻人是典型的"应试教育"培养出来的学生。"应试教育"把学生训练成了考试机器，让学生成了畸形人。一说到"应该教育"，我心里就有气，不由得想到了两幅漫画。第一幅，画的是小朋友进校门。没进校门的孩子，脑袋各异，有正方形的，有长方形的，有三角形的，有圆形的，有菱形的……第二幅，画的是小朋友出校门。从学校出来，所有孩子的脑袋都变成正方形的了！

这是对目前我国教育现状的绝妙讽刺！"应试教育"泯灭了个性，毁灭了天才！考的学科死教，不考的学科放弃，学生营养不良，能不畸形？

"以文化人"的"文"，除了书外，还包括艺术。

没有艺术的教育是残缺的教育。"应试教育"把艺术教育边缘化了，有些学校甚至置艺术教育于不顾。他们不知道或者忘记了"艺术是开启心灵的钥匙"（王朝闻语），不知道或忘记了"科学和艺术是一枚硬币的两个面"（李政道语）。实事求是地说，我之所以成为一名学生喜欢的老师，很大程度上，得益于艺术修养的支撑。艺术修养提升了我的审美情趣，丰富了我的情感，让我拥有了包容的心和开朗、随和的性格。我的悟性和灵性，有一半儿来自艺术。

英国的巴特勒说："一个人的作品，不论是文学、音乐、图画、建筑或任何其他东西，往往就是他自己的肖像。"说得太对了！当你的绘画、书法、演唱、演奏、文学（比如写的诗歌、散文）、朗读等方面的水平，一天天提高的时候，你的"人"就一天天在改变着。你的"肖像"越美，你的人就越美！

我现在写的字，远非十年前所能比得了；我现在唱京剧《春秋配》，对唱词的理解，对每个字的发音，对行腔强弱、疾徐的把握，也与十年前大不相同了；我现在演奏京胡，不再总是大弓大扯，讲究脆亮，而是重视每个音符的韵味，关注它的表现力；我现在的朗读，无论对重音的把握，对语气的领悟，对节奏的处理，也比十年前大有长进。

科学求真，艺术求新。凡艺术的东西，没有最好，只有更好。

我的"肖像"（书法、绘画、演奏、演唱、文学、朗读等）变了，人也变了；人变了，"肖像"更像样儿了。真的，练艺术的过程，就是练人的过程。艺术是养人的。艺术是"文"的一个重要组成部分。

质而言之，语文修养也是一种艺术修养。书写、朗读、习作都属于艺术范畴，达到一定水准，都是艺术。书写、朗读、习作的过程，就是修养艺术品质的过程。有了一定的艺术修养，就会改变一个人的品质。

毋庸讳言，艺术修养的提高，除了要付出艰辛的劳动，还有个天资的问题。因此，对大多数老师，不能要求太高，也不必要求太高。艺术修炼是一辈子的事情。但我相信，只要持之以恒，任何人都可以提高。

三

奥地利之所以是世界上犯罪率最低的国家，原因之一是因为它特别重视艺术教育，尤其是音乐教育。我本人和我学生的成长也验证了这一点。我带班时，把器乐引进课堂，要求人人能演奏一种乐器，人人能歌善舞，人人学习绘画，人人练习书法。在教室里，我班是一个学习的集体；在舞台上，则是一个文艺团体，能演三个小时的节目。每每看到学生表演的舞蹈、课本剧，每每听全班学生美妙、和谐的大合唱，每每欣赏全班学生的器乐大合奏，我都会激动得热泪盈眶。音乐、美术、书法，我们都有自己的课程。艺术教育，让我班的学生脸上有了阳光，让学生有了活跃的思维、丰富的想象力和良好的情感。我班的学生，没有一个目光是呆滞的，表情是僵硬的。一天，站放学队，我忽然发现我们一班比其他三个兄弟班学生的个头儿高。我暗想，这是不是与我们重视艺术教育有关？我想是的。学生身心愉悦，绝对会促进其身心发育。

我喜欢读书，深感读书对一个人成长的重要，深知"一个人的精神发育史，就是一个人的阅读史"（朱永新语），所以我特别重视学生的阅读，并构建了自己的阅读课程。

当老师赢得了学生的信任，当老师的讲述很动情的时候，经典文化很快便会融入学生的心灵。孩子的可塑性最强。

学生战松学了《三字经》，晚上主动为奶奶打洗脚水、倒洗脚水。奶奶说："孩子，奶奶还能动，用不着你。"战松说："奶奶，我小时候，您疼我，现在我长大了，该孝顺您了。"

学生晏妮报考浙江传媒大学，口试时，主考老师要求每位考生背诵一

首诗。她前面的同学都是背的"床前明月光"之类的。主考老师们的一句
"都是小儿科"的耳语被晏妮听到了。轮到她的时候,她对主考老师们说:
"那我就背一首'大儿科'的吧!"她背了杜甫的《望岳》。妙的是,她背
完"会当凌绝顶,一览众山小"时说的一句话:"我的个头儿比一般人高
(她身高1.80米),我相信,一旦我登上泰山之巅,看得一定比别人远!"
一句话,口试过关!她被录取了。毕业后,她进了中央电视台。

这就是经典文化的力量!诚如陶继新先生所说:"经典文化如果内化到
我们个体心里,外化出来就是一道绚丽的风景。"

弟子武亚娟六岁的儿子路景植就更不得了了。一天,他爸爸下班回家,
跟他妈妈讲述在单位和一同事吵架的事。越说越有气,话语中竟带出脏话
来。景植听了,走到爸爸跟前说:"爸爸,'污秽词,市井气,当戒之'。"
爸爸不好意思,连忙说:"对不起!儿子,爸爸不该说脏话。"又一天,爸
爸做好了晚饭,对儿子说:"儿子,入座吧!"景植说:"'长者立,幼勿
坐。'我爷爷、奶奶还没来呢,我怎么能坐下?"一句话又把爸爸说得脸色
通红!等爷爷、奶奶落座了,景植才坐下。还有一次,亚娟和儿子下棋,
连输五盘。亚娟说:"不下了,太伤自尊心了!"儿子说:"'不如人,当自
励',妈妈怎么能灰心呢?"妈妈说:"说得对,咱们再下一盘!"

亚娟很听我的话,儿子三岁时,就教他背《弟子规》《三字经》和古诗
词。没想到,到了六岁,景植竟"外化"出如此"绚丽的风景"!

陈琴老师的学生就更不得了了。下面是她的读小学六年级的学生徐子
琪给饮酒过量、深夜归来的父亲写的一首词。

如梦令

常记天河北路,

爸爸饮酒过度。

醉眼闯红灯,

却被警察捉住。

呕吐，呕吐，

引来野狗无数。

其父读后，从此再也不无度饮酒了。

老师要做"文化人"，还要培养学生成为"文化人"，这是我们义不容辞的使命！

以文化"己"了，就不难以文化"人"了。

"河南省最美教师"李迪，是郑州市一所职业中专的老师，她教音乐和德育，兼做班主任。一次，她让新生上台介绍自己。一位女生这样说："我这个人可以用八个字来形容——静若瘫痪，动若疯子。"职业学校的一些学生个性张扬、桀骜不驯，下课很闹腾，上课却又很颓靡。这位女生这样描述自己，就是自然中的事了。请看李老师是怎样引导的。

"你能否用一些美的词语来形容自己？"

女生茫然。

"'瘫痪'和'疯子'这两个词语给人的感觉都不美。同学们能否用两个美好的词语来替换？"李迪面向大家。

一个学生说："静若处子，动若脱兔。"

李老师为该生鼓掌，并说："我记得越剧《红楼梦》里，宝玉第一次见黛玉，曾经感叹黛玉'娴静犹如花照水，行动好比风拂柳'。"继而心疼地对那位女生说："以后再也不要说自己'静若瘫痪，动若疯子'了。我相信你能像黛玉一样，'娴静犹如花照水，行动好比风拂柳'……"

这个平时疯疯癫癫、似乎对所有事情都满不在乎的女生，眼睛里突然泪光盈盈。

在音乐课上，她教学生唱《云水禅心》："空山鸟语兮，人与白云栖。潺潺清泉濯我心，潭深鱼儿戏……"在曼妙的歌声中，李迪老师和她的学生一起感受到了闲云悠悠、碧水潺潺的情境。唱不完的诗情画意，道不尽的浪漫逍遥。

一曲唱罢，师生们的脸上一片祥和。他们似乎穿越了时空，远离了红尘，来到一个"人闲桂花落，夜静春山空"的地方曼声轻唱。

李迪老师对学生说："感受到了这样纯美音乐的人，怎么可能做出那些粗俗不堪、满嘴脏话的事？怎么可能不保持环境的清洁美丽？"

学生们会心地笑了。

这就是艺术的力量，这就是文化的力量！

李迪老师就是这样，以她在教育生活中的优雅姿态，引导学生感知美、热爱美、追求美，进而帮助学生成就美好人生。

四

还有一点要谈及。"以文化人"的"文"还包括读大自然这本书。

古人说的"读万卷书，行万里路"是非常有道理的。一个不爱大自然的人，不懂得欣赏大自然之美的人，在春寒料峭之时，看到迎春花绽放，而无动于衷的人，他的精神家园一定是荒芜的，情感世界一定是空虚的，说不定长满了荆棘。

大自然是伟大的艺术家，它奉献给人类的许多美，令人叹为观止。即使是一朵小花，细细看，认真想，也有无限的玄机与情味。

我爱大自然。北国的漠河留下了我的行踪，我在无边无际的大兴安岭森林里，搂抱过粗大的红松，爱抚过少女般的白桦，采过林中的蘑菇，喝过山涧的泉水；我在西藏，欣赏过月牙湖的碧水，凝视过无法形容的蓝天；我去过新疆阿勒泰的具有瑞士情调的喀纳斯湖，在湖边久久企盼过"水怪"的出现；我浏览过昆明的石林，并与"阿诗玛"合影留念；我爬过峻奇的黄山，登过神圣的泰山，攀过险峻的华山；三亚的海滩上留下了我的足迹，青岛的浴场留下了我搏击海浪的身影。我爱灵山秀水，我爱花草树木，我爱鸟兽虫鱼。

故乡的杏花，三亚的兰花，广东的木棉，香港的紫荆，菏泽的牡丹；砀山的酥梨，吐鲁番的葡萄；内蒙古大草原上的牛羊，西藏高原上的牦牛；青海湖的鸟岛，镜泊湖如镜的水面……都一一摄入了我相机的镜头，定格为永恒。

我爱大自然馈赠给我们的艺术品——奇石、海螺。我收藏的海螺不计其数，除了有唐冠螺、凤尾螺、鹦鹉螺、万宝螺四大名螺外，还有山水螺（又叫乳头螺）、蜘蛛螺、耳螺、宝塔螺、草帽螺、笋螺……

祖国的山河涌入了我的记忆，我心中就有了亲爱的祖国；故乡的梯田涌入了我的记忆，我心中就有了可爱的故乡；花草树木涌入了我的记忆，我心中就有了色彩和生机；鸟兽虫鱼涌入了我的记忆，我心中就有了一份对生命的尊重、珍惜和怜悯。

大自然这本书，学生也不可不读。

我带学生去过山东邹城的峄山，领略过那里的奇石、奇洞、奇泉；我带学生游览过安徽萧县的皇藏峪，了解了拔剑泉、皇藏洞等美丽的传说；我带学生去过农村，欣赏秋天的田园风光，认识、了解玉米、花生、棉花、高粱……各大公园举办的花卉展，如菊展、郁金花展，我从不放过，带领学生去参观。每年的春游、秋游，更被学生视为重大节日！

——谁在小河边找到了春天？只发现了植物，没发现小动物？

——桃花有几片花瓣？还有更多的吗？只有五片的叫什么，花瓣多的呢？

——"倒挂金钟"（一种花的名字）和迎春花有什么不同？

——你记住了几种菊花的名字？由名字你联想到了什么？

——郁金香是从哪个国家引进的？它的花像什么？

——耸立在峄山上的形态各异的巨石，人们称它们为"飞来峰"。它们真的是天上飞来的吗？

——"五彩石"从不同的方向看，像五种不同的动物。发挥你的想象力，说说它们像哪五种动物？

——徐州云龙山因何得名？连绵起伏的云龙山共有几座山峰？

——拍下你在春天里看到的花，或洗成照片，或做成课件，在班里与同学分享。

一花一世界，一叶一菩提。在我的引领下，学生发现了美，玩出了文化。这样的赏玩，不但陶冶了学生的情操，而且让他们有了一双善于发现美的眼睛。

望着飘落的杏花，看着袅袅的垂柳，我随口吟出了一句"沾衣欲湿杏花雨，吹面不寒杨柳风"，学生随即应了一句"不知细叶谁裁出，二月春风似剪刀"，岂不美妙？岂不是一种意境？

当大自然的美融入了学生的血液，不也会外化出一道"绚丽的风景"吗？

五

写到这里，我想起了龙应台先生在《百年思索》里的几段话，现抄录如下，与大家分享。

知识是外在于你的东西，是材料，是工具，是可以量化的"知道"；必须让知识进入人的认知本体，渗透他的生活与行为，才能称之为素养。人文素养是在涉猎了文、史、哲学之后，更进一步认识到，这些人文"学"到最后都有一个终极的关怀，对"人"的关怀。脱离了对"人"的关怀，你只能有人文知识，不能有人文素养。

素养和知识的差别，容许我窃取王阳明的语言来解释。学生问他为什么许多人知道孝悌的道理，却做出邪恶的事情。王阳明说："此已被私欲隔断，不是知行的本体了。未有知而不行者；知而不行，只是未知。"在我个人的解读里，王阳明所指知而不行的"未知"就是"知识"的层次，而素养，就是"知行的本体"。王阳明用来解释"知行的本体"的四个字很能表达我对"人文素养"的认识：真诚恻怛。

对人文素养最可怕的讽刺莫过于：在集中营里，纳粹要犹太音乐家们拉着小提琴送他们的同胞进入毒气房。一个会写诗、懂古典音乐、有哲学博士学位的人，不见得不会妄自尊大、草菅人命。但是一个真正认识人文价值而"真诚恻怛"的人，也就是一个真正有人文素养的人，我相信，他不会违背以人为本的终极关怀。

我之所以摘录这几段话，是想说，一个老师，不在于他拥有多少知识，明白多少道理，而在于"知行"。如果说我有什么长处的话，这个"长处"就是我能将汲取的知识、理论融入肌体与灵魂，并能转化为行为，让理论成为生命的自觉与自然。不但如此，我身为教师，我会以"文"去"化"我的学生，让他们成为真正的"有人文素养的人"。

总之，还是我常说的那句话：学以致用，重在转化。读书不是武装嘴巴，而是武装头脑。学而不化，不能叫"文化"。

◎弟子戴建荣（左一）和朱文君（右一）2006年春节时看望我和我爱人杨玉芝

六

最后——这回真是"最后"了——我想把美国最佳教师雷夫·艾斯奎斯最喜欢的一首诗（也是我喜欢的）抄录下来，与大家共勉。

假如你命该扫街，

就扫得有模有样，

一如米开朗基罗在画画，

一如莎士比亚在写诗，

一如贝多芬在作曲。

亲爱的读者，既然命运让我们做了老师，就让我们做最好的自己吧！生命于我们只有一次。

我期盼着分享你们成功的喜悦与快乐！

附录

我的小学老师

　　早就想写我的小学老师。不只是因为老师培养了我，而是想通过我的文字，与我的同行们，分享我的老师的人品、才华和智慧。

　　一拿起笔，我的小学老师就一一浮现在我的脑际，清晰、真切，一如60多年前。

一

　　在小学老师中，最令我难忘的是张敬斋老师。

　　张老师是我初级小学的老师，即一年级至四年级的老师，教我们语文、音乐、美术和体育。

　　难忘张老师的微笑。1947年，张老师刚到我们山东省莱阳县徐家夼初级小学时，不过十八九岁。瘦高挑儿，大眼睛，尖下颏，留着大分头，一天到晚，乐呵呵的。他目光敏锐、亲切、热情，总是笑着和我们说话。四年中，我只见他发过一次脾气。那是在升入四年级时，班长"执法过度"，上自习课时推搡了一位同学，张老师批评时，班长涨红了脸，犟了一句，张老师斥责道："你身为班长，怎么可以这样呢？"班长没再吭声，张老师也就没再说什么。片刻后，张老师叹了口气，拍拍班长的肩，转身走了。四年，我只见张老师发过这一次短暂的脾气；四年，微笑只离开过他的脸五分钟。

难忘张老师教我们写字。张老师写得一手漂亮的柳体字，还能写美术字。升入三年级，我们每天上午最后一节课是写字课。先是写"仿"——张老师给每个人写一张字，每张12个，让我们把纸蒙在上面描。也不过描三四次吧，老师写的字就被洇模糊了。张老师就再给我们写一张。张老师不厌其烦地写，我们不厌其烦地描，一描描了一年。升入四年级，我们开始"临帖"——每天照着字帖写12个字。张老师喜欢柳体，我们临的都是柳公权的《玄秘塔碑帖》。一临又是一年。

写得好的字，张老师则画个红圈，特别好的，画双圈。我们每天为"红圈"而奋斗。作为孩子，学习动力就是这么简单。我的写字兴趣是被张老师的"红圈"激发出来的。张老师的"红圈"吸引我步入书法艺术的殿堂。至今，我还能回味出儿时研墨散发出来的墨香，"非人磨墨墨磨人"。且不说写字的过程让我获得的其他养分，在我的生活里，在我的精神世界里，我至少多了一方完全属于自己的天地。无论是欣赏古今书法家的作品，还是自己挥毫泼墨，都是一种精神上的享受。这种感觉不可言喻。这也是我当了老师后，之所以重视写字、希望学生能写一手好字的原因。

说到红圈圈，又想起了张老师在我作文簿上画的一条条红色波浪线。那醒目的波浪线，永远铭刻在我的脑海里。张老师很重视作文教学，每周一篇，我们用小楷竖写。张老师用朱笔批改，有眉批，有总批。老师用毛笔画的竖波浪线一顿一顿的，非常好看。有时几乎画满了全篇。如果说，我的写字兴趣是被张老师的红圈圈激发出来的，那么，我的作文兴趣则是被张老师的红波浪线激发出来的。我当了老师后，深知波浪线的作用，也就从不吝啬红墨水了。

有一年放寒假前，张老师为考试成绩好的同学画奖状（给多少同学画，记不清了），我的奖状上画了一只蹲在树枝上展翅欲飞的小鸟，然后写了一句勉励的话。我回到家就临摹那只小鸟，居然画得很像。没想到，从此竟喜欢画画了。那时的美术课没有教材，张老师叫大家"随便画"。画自己感兴趣的内容，越画越爱画。那时没有家庭作业，我的课余时间大都用来画画和拉京胡了。而今，我们的学生有多少能根据自己的兴趣，有选择地学习？没有兴趣的学习叫"应付"。被动学习很难出天才。

忘不了张老师的音乐课。音乐课上，张老师教我们唱《中国人民志愿军战歌》《歌唱祖国》《嘿啦啦啦啦》（一首关于抗美援朝的儿童歌曲）。能教的歌儿教完了，张老师便教我们拉京胡、唱京戏。后来发现我有小嗓（假嗓），又"因材施教"，单教我一段《汾河湾》中柳迎春唱的"儿的父投军无音信"。张老师是新中国把器乐演奏引入音乐课的第一人——1950年在音乐课上就教我们拉京胡，不是第一人吗？

张老师还教我们打锣鼓。"胶东秧歌锣鼓"热烈欢快、振奋人心，我们打得酣畅淋漓、如痴如醉。节假日，张老师带领我们敲锣打鼓去附近村庄宣传抗美援朝。我除了打锣鼓，还演活报剧。我演过李承晚（剧本是张老师编的）。至今还记得其中的台词："我叫李承晚，南朝鲜，我来坐江山。我的江山坐不稳，认了个干爹杜鲁门……"

没有艺术的教育，是残缺的教育。艺术教育也不只是教唱歌、教画画儿。

那时农村条件差，学校只有一个空荡荡的操场。张老师亲自为我们挖了一个大沙坑。体育课上，张老师教我们跳高、跳远。至今，张老师那"剪式跳高"的身影还留在我的脑海里。

课间，沙坑成了男生的摔跤场。张老师常常站在旁边笑眯眯地看，有时还教我们一手。我的摔跤本领就是在沙坑里、在富水河畔的沙滩里练出来的。"文革"时，有个到小学"造反"的大块头儿中学生，挥着拳头向我冲来，被我撂倒在校门口。那男生像《水浒传》里的"洪教头"似的爬起来，头也不抬，悻悻地走了。

据我所知，那时农村小学没有体育课，张老师是凭着他的直觉和爱好，自己"开发"的。

我和同学津津乐道的，还有张老师带领我们游泳、给梨树掐花、慰问军属、拾粪等活动。

说到拾粪，现在还脸红。那时，人们常说："庄稼一枝花，全靠粪当家。"升入四年级，张老师要求我们每天早晨背着粪箕拾粪（即牲畜的粪便），然后背到学校，在校门口一字儿摆开"展览"。晨读后，再把粪背回家（那时我们每天先到校晨读，晨读后回家吃早饭，饭后再回校上课）。一年中，我只拾到过一次牛粪，其余的，都是挖河里的淤泥充数。张老师说："淤泥也是好肥！"

　　什么是教育？教育不是"叫育"，也不只是教书；课堂也不只是在学校里。

　　什么是素质教育？素质教育就是教师素质的教育，即教师有什么样的素质，就会有什么样的教育。张老师是凭着他的品格、热情、认识、直觉和悟性来从事教育的。我断定张老师那时没有系统学习过教育学、心理学，更不知何谓"素质教育"，他是凭着他出众的才华、渊博的知识和广泛的爱好从事教育并影响着他的学生的。

　　非常庆幸，在我刚跨进校门的时候，遇到了张敬斋老师。张老师对我的影响是广泛而深远的。

二

　　升入五年级，有了地理课。教地理的是徐国芳老师。那时，徐老师快50岁了，头发梳理得极为规整，分向左右的头发从来都是服服帖帖的，没有一根张牙舞爪脱离集体的。他嘴巴上翘，行动稳健，说话轻松。徐老师好脾气，从来都是笑嘻嘻的。

　　20世纪50年代初的小学《中国地理》课本是分省编的，即一个省一课。徐老师上课时，边画地图边讲。譬如，讲我们山东省，他边画边说："我们山东省像一头蹲下的大骆驼，头伸进渤海和黄海里，它的头就叫胶东半岛。"这句话讲完，山东的轮廓也就出现在黑板上了。我们异口同声地说："哇！真像骆驼！"然后，徐老师又标出省会济南和其他大城市，其中自然少不了我们烟台，顺便又标出了我们莱阳（课本中的山东地图并没标上莱阳）。接着画铁路，画泰山山脉，再讲物产，最后讲邻省和濒临的海。讲到"烟台苹果莱阳梨，肥城蜜桃大如拳，乐陵小枣甜如蜜"时，我们都很自豪。紧接着，徐老师又加了一句："烟台苹果莱阳梨，不如潍坊萝卜皮。"我们都大叫："吹牛！萝卜皮有什么好吃的？"徐老师说："潍坊也是咱们山东的。那里的萝卜确实好吃。"说完，又在地图上标出了潍坊所在的位置，我们又高兴起来。

我看到山东半岛"伸"进大海里，十分担心地向徐老师提了个问题："老师，咱们山东半岛要是'断'了，我们不就掉进大海里了吗？"徐老师嘿嘿一笑，道："半岛可不是漂浮在海面上的，你这不是杞人忧天吗？"

徐老师的地理作业"千篇一律"——画地图。第一课讲全国行政区，就叫我们画全国地图，以后每教一个省，就画一个省。我有绘画的基础，每个省都能画得很像书上的地图，经常得到徐老师的夸赞。我的同桌孙绍君画得潦草，他画的山东地图活像一个不规整的梨，徐老师却说："不错，不错，有点儿意思就行。"徐老师的口头禅是"有毛就是鸡"。孙绍君写的大字，笔画粗，同时担任我们五六年级书法课的徐老师却说："孙绍君的字有颜体的味道。"常常在他写的某一笔、某一画上画个小红圈儿。圈儿虽然小，却让绍君每次写字都全力以赴。当了老师，我明白了，不是徐老师要求不严格，这叫"尊重差异"、"因材施教"。我当了老师，也学会了在学生写的字的某一笔、某一画上画红圈，也能在每个后进生身上找到闪光点。

学完了中国地理，画完了中国地图和各省地图，祖国就镌刻在我心中，永不磨灭。

到中学读《世界地理》时，我依然保留画地图的习惯，画完了五洲四海，世界就在我心里了。

画地图让我养成了看地图的习惯。每当我站在中国地图前，徐国芳老师和善的面容就会浮现在我的眼前，耳畔就会响起他那"嘿嘿"的、近乎天真的笑声。

三

我的小学男老师喜欢起女性的名字。和徐国芳老师一样，白晓云老师也是男性。白老师姓白，人和他的姓一样，也白。他穿着整洁，爱戴一顶蓝色"解放帽"，而且帽檐是"黑化学"的（即一种黑塑料，在当时非常时髦）。

白老师教我们历史。每讲一课，他就让我们看课后的思考题。"第一个问题怎么回答呢？"白老师问。然后，引领我们画出书上的有关句子。我们把这些看似零散的句子连起来一读，居然通顺、完整。个别连接不好的地方，白老师会给我们添加几个词语，说："这就是第一题的答案。"依次类推，把课后问题的答案，都在书上圈画出来了。一篇长文，我们只需记住其中十来句即可。就这样一课课地画下去，让我学会了读书要抓要点、重点。白老师从不布置书面作业，复习时，只是要求我们熟读每课圈画的句子。期中、期末考试，我们的历史成绩都很优秀。我们学历史感到非常轻松。

读中学和师范的时候，我把这个方法迁移到所有学科。期末复习时，我先把各科课本通读一遍，边读边用红笔圈画出每课的要点、重点（好多地方平时就画了，但用的不是红笔）。复习第二遍、第三遍、第四遍的时候，我只读并记住我画的要点、重点，既省时又省力。每次考试，各科都得高分。95% 以上的考试内容都在我的圈画之中。在中学和师范，我都是"三好学生"。

1977 年，我到徐州党校学习马克思主义哲学、政治经济学。每次考试，同班的大学本科生都考不过我。这得益于白老师教给我的读书方法。我能把厚书读薄，同样也能把薄书读厚。

白老师让我懂得了什么叫"授之以渔"。

四

王其欣老师高高的、瘦瘦的，和白老师相反，他的皮肤黝黑。他是校长兼教我们的自然和美术课。

我们从不称他为校长，都称他为"老师"。对此，他很高兴。他常说："我不是称职的美术老师，我不会画画儿。"他常用"蜀中无大将，廖化作先锋"、"滥竽充数"等话自我解嘲。

　　但王老师善于激励。他的办法是让我们的画儿"上墙"——进校门的过道两边的"学习园地"上，贴满了我们画的画儿和写的大字。每期都有我画的人物、动物，还有京剧脸谱。

　　王老师经常站在"学习园地"前欣赏我们的字、画，连声赞叹："好，好！"他那像欣赏心爱的宝贝似的眼神，永远定格在我的记忆里，永远让我感动。

　　小学毕业，我到了徐州。王老师还亲自给我父亲写信，说我有绘画天赋，建议将来读美术学院。这让我深受鼓舞，立志长大当画家。

　　读中学时，我"移情别恋"，想当一名作家。但几十年来，业余时间仍不时挥笔作画，自得其乐。得意之中，总会想到瘦瘦的、高高的王其欣老师，想到他对我们儿时的欣赏与鼓励。人如其名，名如其人。王其欣老师让我学会了欣赏学生。

　　往事如昨，历历在目，一切是那么清晰、亲切，一如60多年前。

　　岁月无情。如今，四位老师都走了。

　　倘若他们健在——

　　我一定会为老师们双手呈上我的新作——《做一个学生喜欢的老师——我的为师之道》，请老师们批阅。

　　我一定会为他们清唱一段《汾河湾》中的"儿的父去投军无音信"，再次请老师们指正。

　　我一定会为他们画几幅京剧脸谱，博老师们一笑。

　　我一定会为他们挥毫书写"师恩永沐"四个大字，以表达我对老师们的谢意与敬意……

2015 年 11 月 22 日

后记

这本书从构思到定稿，历时四年。我在"引子"中说，写这本书的目的，是想对自己五十多年的教育生涯有个交代，为自己的教育人生画上一个较为圆满的句号。为了将句号画得"圆"一点，自然得用心思。再说了，做了半个多世纪的小学教师，心里确实有好多话要说。不知怎么，说着说着，话就多了起来，这也是耗时多的一个原因。

的确，写书就是说话。——对谁说呢？

首先是跟自己说。絮絮叨叨地自说自听。说到高兴的时候，自己会笑；说到动情的时候，自己会落泪。哪个地方啰唆了，大笔一挥，删掉；哪个词用得不当，再换一个；哪个句子说得不通，再改……写书的这种自言自语，真的乐趣无限，风光无限。书一旦开了个头儿，便放不下了，走着坐着都会想它，睡前醒后，想得最多的还是它。一旦写好了，心里会顿觉惬意、轻松、清爽，思想、认识会得到升华——自己能感觉到的。

其次是说给同事、朋友听。我写书的时候，同事、朋友的影子经常浮现在眼前，他们似乎在专心致志地聆听我的述说。我常常想：我说得正确吗？全面吗？人家听了有好处吗？我说的话，别人能听懂吗？……为了避免出现差池，我常常闭嘴思考。有时候，把写好的东西打入"冷宫"，过一段时间再去"审查"。通过这种"冷处理"，常常能发现自己的幼稚。什么时候改得差不多了，才郑重地誊写在本子上。我就这么一章一章地写着。

四年，也说明了我的慎重。韩愈说："夫所谓文者，必有诸其中，是故君子慎其实。"意思是说，所谓文章，一定要有充实的内容，因此君子要慎重写出充实的文章内容。像我等小学老师能不更慎重？

"内容充实"，不仅要言之有物，还要言之有理，言之有据，言之有情。写书的过程，是与自己说话的过程。但写书的目的是想与读者交流的，这就得对读者负责了，是万万大意不得的。

2013年7月，书稿终于定下来了。徒弟常猛将这些文字输入电脑前，我对他说："你是第一读者，发现差错，请给我指出来，不要客气。"他很听话，也很勇猛，果然提了不少修改意见，有的竟自改了，而且改得好！

这本书是我的"封笔之作"。为了对读者负责，我曾征求过很多人的意见。书出来以后，希望得到广大读者的指正，再版时——如果再版的话——我一定改正。

谢谢啦！

于永正

2013年10月10日于徐州南湖花园

修订版后记

　　没想到，拙作《做一个学生喜欢的老师——我的为师之道》出版后，还真受到了广大老师的欢迎。这让我很受鼓舞。养病期间，我抽空做了修改——主要是做补充，力求把问题说明白。几乎每章都补充了一些内容。

　　改过后，心里很高兴、很踏实，觉得此时，话就说得差不多了。

　　2014 年出版以来，我一直想着这本书，总觉得有些地方还没说到位，例子提供得太少，有一点空——特别是第三章"是师非师，是课非课"。作为一名一线教师，我的文章不应该是概念化的，而应该是形象的、生动的、可感的。老师们在每一章中的一个个鲜活的例子里，会感受到我对教育的哲学思考与我的教育理念，从而有深层的收获感。

　　人是要有点儿精神的，要有对事业的追求精神。我身患白血病，但我一面与疾病斗争，一面读书看报、写文章、修改书稿。只要活着，就要干。对于疾病我不怕，"既来之，则安之"，自己完全不着急。

　　我是在医院病房里，利用做化疗的间隙，坐在病床上，双手悬空写的这篇后记。

　　生命的长度我当不了家，但生命的宽度由我说了算。生命的宽度有了，也就延长了生命的长度。过好每一天，不虚度每一天，就对得起祖国的教育事业了，对得起我热爱的学生了，对得起生我养我的父母了。

　　在我养病期间，我怀着深深的感激与敬意，写了一篇《我的小学老师》，读者从中可以看出我为师之道的传承所在。因此，我把它放在这本书的最后，老师们一定会从中得到启迪。

好了，再次感谢广大教师对我的支持与厚爱！

海德格尔说"语言是存在之家"，我的生命将在我的书里延续。

愿我的书成为老师们的朋友，与大家同行。

于永正

2016 年 6 月 23 日于徐州医学院附属医院

出 版 人　所广一

项目统筹　代周阳

责任编辑　代周阳　杨建伟

装帧设计　许　扬

责任校对　贾静芳

责任印制　叶小峰

图书在版编目（CIP）数据

做一个学生喜欢的老师：我的为师之道／于永正著. —
北京：教育科学出版社，2014.1（2023.5 重印）
（于永正教育文集）
ISBN 978 - 7 - 5041 - 8205 - 0

Ⅰ.① 做…　Ⅱ.① 于…　Ⅲ.①中小学—教师—工作
Ⅳ.① G635.1

中国版本图书馆CIP数据核字（2014）第 009425 号

于永正教育文集
做一个学生喜欢的老师——我的为师之道
ZUO YI GE XUESHENG XIHUAN DE LAOSHI——WO DE WEISHI ZHI DAO

出 版 发 行	教育科学出版社		
社　　　址	北京·朝阳区安慧北里安园甲 9 号	邮　　　编	100101
总编室电话	010 - 64981290	编辑部电话	010 - 64981151
出版部电话	010 - 64989487	市场部电话	010 - 64989009
传　　　真	010 - 64891796	网　　　址	http://www.esph.com.cn
经　　　销	各地新华书店		
印　　　刷	运河（唐山）印务有限公司		
开　　　本	720 毫米 × 1020 毫米　1/16	版　　次	2014 年 2 月第 1 版
印　　　张	14.75	印　　次	2023 年 5 月第 36 次印刷
字　　　数	210 千	定　　价	49.80 元